TRANZLATY

Sprache ist für alle da

Bahasa adalah untuk
semua orang

Das Kommunistische Manifest

Manifesto Komunis

Karl Marx

&

Friedrich Engels

Deutsch / Bahasa Melayu

Copyright © 2024 Tranzlaty
All rights reserved.
Published by Tranzlaty
ISBN: 978-1-80572-335-6
Original text by Karl Marx and Friedrich Engels
The Communist Manifesto
First published in 1848
www.tranzlaty.com

Einleitung
Pengenalan

Ein Gespenst geht um in Europa – das Gespenst des Kommunismus

Hantu menghantui Eropah - hantu Komunisme

Alle Mächte des alten Europa sind eine heilige Allianz eingegangen, um dieses Gespenst auszutreiben

Semua Kuasa Eropah lama telah memasuki pakatan suci untuk mengusir hantu ini

Papst und Zaren, Metternich und Guizot, französische Radikale und deutsche Polizeispione

Paus dan Tsar, Metternich dan Guizot, Radikal Perancis dan pengintip polis Jerman

Wo ist die Oppositionspartei, die von ihren Gegnern an der Macht nicht als kommunistisch verschrien wurde?

Di manakah parti pembangkang yang tidak dikecam sebagai Komunis oleh lawannya yang berkuasa?

Wo ist die Opposition, die nicht den Brandvorwurf des Kommunismus gegen die fortgeschritteneren Oppositionsparteien zurückgeschleudert hat?

Di manakah pembangkang yang tidak melemparkan kembali celaan penjenamaan Komunisme, terhadap parti pembangkang yang lebih maju?

Und wo ist die Partei, die den Vorwurf nicht gegen ihre reaktionären Gegner erhoben hat?

Dan di manakah parti yang tidak membuat tuduhan terhadap musuh-musuhnya yang reaksioner?

Aus dieser Tatsache ergeben sich zweierlei

Dua perkara terhasil daripada fakta ini

I. Der Kommunismus wird bereits von allen europäischen Mächten als eine Macht anerkannt

I. Komunisme sudah diakui oleh semua Kuasa Eropah sebagai Kuasa itu sendiri

II. Es ist höchste Zeit, dass die Kommunisten ihre Ansichten, Ziele und Tendenzen offen vor der ganzen Welt offenlegen

II. Sudah tiba masanya Komunis harus secara terbuka, di hadapan seluruh dunia, menerbitkan pandangan, matlamat dan kecenderungan mereka

sie müssen diesem Kindermärchen vom Gespenst des Kommunismus mit einem Manifest der Partei selbst begegnen

mereka mesti memenuhi kisah kanak-kanak Hantu Komunisme ini dengan Manifesto parti itu sendiri

Zu diesem Zweck haben sich Kommunisten verschiedener Nationalitäten in London versammelt und folgendes Manifest entworfen

Untuk tujuan ini, Komunis dari pelbagai bangsa telah berkumpul di London dan melakar Manifesto berikut

Dieses Manifest wird in deutscher, englischer, französischer, italienischer, flämischer und dänischer Sprache veröffentlicht

manifesto ini akan diterbitkan dalam bahasa Inggeris, Perancis, Jerman, Itali, Flemish dan Denmark

Und jetzt soll es in allen Sprachen veröffentlicht werden, die Tranzlaty anbietet

Dan kini ia akan diterbitkan dalam semua bahasa yang ditawarkan oleh Tranzlaty

Bourgeois und Proletarier
Borjuis dan Proletar

Die Geschichte aller bisherigen Gesellschaften ist die Geschichte der Klassenkämpfe

Sejarah semua masyarakat yang sedia ada sehingga kini adalah sejarah perjuangan kelas

Freier und Sklave, Patrizier und Plebejer, Herr und Leibeigener, Zunftmeister und Geselle

Orang bebas dan hamba, bangsawan dan plebeian, tuan dan hamba, ketua persatuan dan pengembara

mit einem Wort, Unterdrücker und Unterdrückte

dalam satu perkataan, penindas dan tertindas

Diese sozialen Klassen standen in ständiger Opposition zueinander

kelas-kelas sosial ini sentiasa bertentangan antara satu sama lain

Sie führten einen ununterbrochenen Kampf. Jetzt versteckt, jetzt offen

mereka meneruskan perjuangan tanpa gangguan. Kini tersembunyi, kini dibuka

Ein Kampf, der entweder in einer revolutionären Rekonstitution der Gesellschaft als Ganzes endete

perjuangan yang sama ada berakhir dengan perlembagaan semula masyarakat yang revolusioner secara amnya

oder ein Kampf, der im gemeinsamen Ruin der streitenden Klassen endete

atau pergaduhan yang berakhir dengan kehancuran bersama kelas-kelas yang bersaing

Blicken wir zurück auf die früheren Epochen der Geschichte

Mari kita lihat kembali kepada zaman sejarah yang terdahulu

Wir finden fast überall eine komplizierte Einteilung der Gesellschaft in verschiedene Ordnungen

kita dapati hampir di mana-mana susunan masyarakat yang rumit ke dalam pelbagai susunan

Es gab schon immer eine mannigfaltige Abstufung des sozialen Ranges

sentiasa ada penggredan kedudukan sosial yang bermacam-macam

Im alten Rom gibt es Patrizier, Ritter, Plebejer, Sklaven

Di Rom purba kita mempunyai bangsawan, kesatria, plebeian, hamba

im Mittelalter: Feudalherren, Vasallen, Zunftmeister, Gesellen, Lehrlinge, Leibeigene

pada Zaman Pertengahan: tuan-tuan feudal, pengikut, tuan persatuan, pengembara, perantis, hamba

In fast allen diesen Klassen sind wiederum untergeordnete Abstufungen

Dalam hampir semua kelas ini, sekali lagi, penggredan bawahan

Die moderne Bourgeoisie Gesellschaft ist aus den Trümmern der feudalen Gesellschaft hervorgegangen

Masyarakat Borjuasi moden telah tumbuh dari runtuhan masyarakat feudal

Aber diese neue Gesellschaftsordnung hat die Klassengegensätze nicht beseitigt

Tetapi tatanan sosial baru ini tidak menghapuskan antagonisme kelas

Sie hat nur neue Klassen und neue Unterdrückungsbedingungen geschaffen

Ia telah menubuhkan kelas baru dan keadaan penindasan baru

Sie hat neue Formen des Kampfes an die Stelle der alten gesetzt

ia telah menubuhkan bentuk-bentuk perjuangan baru menggantikan yang lama

Die Epoche, in der wir uns befinden, weist jedoch eine Besonderheit auf

Walau bagaimanapun, zaman yang kita dapati mempunyai satu ciri tersendiri

die Epoche der Bourgeoisie hat die Klassengegensätze vereinfacht

zaman Borjuasi telah memudahkan antagonisme kelas

Die Gesellschaft als Ganzes spaltet sich mehr und mehr in zwei große feindliche Lager

Masyarakat secara keseluruhan semakin berpecah kepada dua kem bermusuhan yang besar

zwei große soziale Klassen, die sich direkt gegenüberstehen: Bourgeoisie und Proletariat

dua kelas sosial yang hebat berhadapan secara langsung antara satu sama lain: Borjuasi dan Proletariat

Aus den Leibeigenen des Mittelalters gingen die Bürger der ersten Städte hervor

Dari hamba Zaman Pertengahan muncul penduduk bertauliah bandar-bandar terawal

Aus diesen Bürgern entwickelten sich die ersten Elemente der Bourgeoisie

Daripada burgesses ini unsur-unsur pertama Borjuasi telah dibangunkan

Die Entdeckung Amerikas und die Umrundung des Kaps

Penemuan Amerika dan pembulatan Cape

diese Ereignisse eröffneten der aufstrebenden Bourgeoisie neues Terrain

peristiwa-peristiwa ini membuka landasan baru untuk Borjuasi yang semakin meningkat

Die ostindischen und chinesischen Märkte, die Kolonisierung Amerikas, der Handel mit den Kolonien

Pasaran Hindia Timur dan Cina, penjajahan Amerika, berdagang dengan tanah jajahan

die Vermehrung der Tauschmittel und der Waren überhaupt

peningkatan dalam cara pertukaran dan komoditi secara amnya

Diese Ereignisse gaben dem Handel, der Schiffahrt und der Industrie einen nie gekannten Impuls

Peristiwa-peristiwa ini memberi kepada perdagangan, navigasi, dan industri dorongan yang tidak pernah diketahui sebelum ini

Sie gab dem revolutionären Element in der wankenden feudalen Gesellschaft eine rasche Entwicklung

ia memberi perkembangan pesat kepada unsur revolusioner
dalam masyarakat feudal yang terhuyung-huyung

**Geschlossene Zünfte hatten das feudale System der
industriellen Produktion monopolisiert**

Persatuan tertutup telah memonopoli sistem feudal
pengeluaran perindustrian

**Doch das reichte den wachsenden Bedürfnissen der neuen
Märkte nicht mehr aus**

Tetapi ini tidak lagi mencukupi untuk keperluan pasaran
baharu yang semakin meningkat

**Das Manufaktursystem trat an die Stelle des feudalen
Systems der Industrie**

Sistem pembuatan menggantikan sistem industri feudal

**Die Zunftmeister wurden vom produzierenden Bürgertum
auf die Seite gedrängt**

Tuan persatuan ditolak di satu pihak oleh kelas pertengahan
pembuatan

**Die Arbeitsteilung zwischen den verschiedenen
korporativen Innungen verschwand**

Pembahagian kerja antara persatuan korporat yang berbeza
lenyap

Die Arbeitsteilung durchdrang jede einzelne Werkstatt

Pembahagian kerja menembusi setiap bengkel tunggal

**In der Zwischenzeit wuchsen die Märkte immer weiter und
die Nachfrage stieg immer weiter**

Sementara itu, pasaran terus berkembang, dan permintaan
semakin meningkat

**Selbst Fabriken reichten nicht mehr aus, um den
Anforderungen gerecht zu werden**

Malah kilang-kilang tidak lagi mencukupi untuk memenuhi
permintaan

**Daraufhin revolutionierten Dampf und Maschinen die
industrielle Produktion**

Selepas itu, wap dan jentera merevolusikan pengeluaran
perindustrian

An die Stelle der Manufaktur trat der Riese, die moderne Industrie
Tempat pembuatan diambil oleh gergasi, Industri Moden
An die Stelle des industriellen Mittelstandes traten industrielle Millionäre
Tempat kelas menengah perindustrian diambil oleh jutawan industri
an die Stelle der Führer ganzer Industriearmeen trat die moderne Bourgeoisie
tempat pemimpin seluruh tentera perindustrian telah diambil oleh Borjuasi moden
die Entdeckung Amerikas ebnete der modernen Industrie den Weg zur Etablierung des Weltmarktes
penemuan Amerika membuka jalan kepada industri moden untuk menubuhkan pasaran dunia
Dieser Markt gab dem Handel, der Schifffahrt und der Kommunikation auf dem Landweg eine ungeheure Entwicklung
Pasaran ini memberikan perkembangan yang besar kepada perdagangan, navigasi, dan komunikasi melalui darat
Diese Entwicklung hat seinerzeit auf die Ausdehnung der Industrie reagiert
Perkembangan ini, pada masanya, telah bertindak balas terhadap peluasan industri
Sie reagierte in dem Maße, wie sich die Industrie ausbreitete, und wie sich Handel, Schiffahrt und Eisenbahn ausdehnten
ia bertindak balas mengikut perkadaran bagaimana industri diperluaskan, dan bagaimana perdagangan, navigasi dan kereta api diperluaskan
in demselben Maße, in dem sich die Bourgeoisie entwickelte, vermehrte sie ihr Kapital
dalam bahagian yang sama yang dibangunkan oleh Borjuasi, mereka meningkatkan modal mereka
und das Bourgeoisie drängte jede aus dem Mittelalter überlieferte Klasse in den Hintergrund

dan Borjuasi menolak ke latar belakang setiap kelas yang
diturunkan dari Zaman Pertengahan
**daher ist die moderne Bourgeoisie selbst das Produkt eines
langen Entwicklungsganges**
oleh itu Borjuasi moden itu sendiri adalah hasil daripada
perjalanan pembangunan yang panjang
**Wir sehen, dass es sich um eine Reihe von Revolutionen in
der Produktions- und Tauschweise handelt**
kita melihat ia adalah satu siri revolusi dalam mod
pengeluaran dan pertukaran
**Jeder Schritt der Bourgeoisie Entwicklung ging mit einem
entsprechenden politischen Fortschritt einher**
Setiap langkah Borjuasi pembangunan disertai dengan
kemajuan politik yang sepadan
**Eine unterdrückte Klasse unter der Herrschaft des feudalen
Adels**
Kelas yang tertindas di bawah pengaruh bangsawan feudal
**ein bewaffneter und selbstverwalteter Verein in der
mittelalterlichen Kommune**
sebuah persatuan bersenjata dan pemerintahan sendiri di
komune zaman pertengahan
**hier eine unabhängige Stadtrepublik (wie in Italien und
Deutschland)**
di sini, sebuah republik bandar yang merdeka (seperti di Itali
dan Jerman)
**dort ein steuerpflichtiger "dritter Stand" der Monarchie (wie
in Frankreich)**
di sana, "estet ketiga" monarki yang boleh dikenakan cukai
(seperti di Perancis)
Danach, in der Zeit der eigentlichen Herstellung
selepas itu, dalam tempoh pembuatan yang betul
**die Bourgeoisie diente entweder der halbfeudalen oder der
absoluten Monarchie**
Borjuasi berkhidmat sama ada monarki separa feudal atau
mutlak
oder die Bourgeoisie fungierte als Gegengewicht zum Adel

atau Borjuasi bertindak sebagai penentang terhadap golongan
bangsawan
**und in der Tat war die Bourgeoisie ein Eckpfeiler der großen
Monarchien überhaupt**
dan, sebenarnya, Borjuasi adalah batu penjuru monarki besar
secara amnya
**aber die moderne Industrie und der Weltmarkt haben sich
seitdem etabliert**
tetapi Industri Moden dan pasaran dunia menubuhkan
dirinya sejak itu
**und die Bourgeoisie hat sich die ausschließliche politische
Herrschaft erobert**
dan Borjuasi telah menakluki untuk dirinya sendiri pengaruh
politik eksklusif
**sie erreichte diese politische Herrschaft durch den
modernen repräsentativen Staat**
ia mencapai pengaruh politik ini melalui Negara perwakilan
moden
**Die Exekutive des modernen Staates ist nichts anderes als
ein Verwaltungskomitee**
Eksekutif Negara moden hanyalah sebuah jawatankuasa
pengurusan
**und sie leiten die gemeinsamen Angelegenheiten der
gesamten Bourgeoisie**
dan mereka menguruskan hal ehwal bersama seluruh Borjuasi
**Die Bourgeoisie hat historisch gesehen eine höchst
revolutionäre Rolle gespielt**
Borjuasi, dari segi sejarah, telah memainkan peranan yang
paling revolusioner
**Wo immer sie die Oberhand gewann, machte sie allen
feudalen, patriarchalischen und idyllischen Verhältnissen
ein Ende**
di mana sahaja ia mendapat kelebihan, ia menamatkan semua
hubungan feudal, patriarki, dan indah

Sie hat erbarmungslos die bunten feudalen Bande zerrissen, die den Menschen an seine "natürlichen Vorgesetzten" banden

Ia telah merobek tanpa belas kasihan hubungan feudal beraneka ragam yang mengikat manusia dengan "atasan semula jadi"

Und es ist kein Nexus zwischen Mensch und Mensch übrig geblieben, außer nacktem Eigeninteresse

dan ia telah meninggalkan tiada hubungan antara manusia dan manusia, selain daripada kepentingan diri yang telanjang

Die Beziehungen der Menschen zueinander sind zu nichts anderem geworden als zu einer gefühllosen "Geldzahlung"

hubungan manusia antara satu sama lain telah menjadi tidak lebih daripada "pembayaran tunai" yang tidak berperasaan

Sie hat die himmlischsten Ekstasen religiöser Inbrunst ertränkt

Ia telah menenggelamkan kegembiraan keagamaan yang paling syurga

sie hat ritterlichen Enthusiasmus und philiströsen Sentimentalismus übertönt

ia telah menenggelamkan semangat kesatria dan sentimentalisme filistin

Sie hat diese Dinge im eisigen Wasser des egoistischen Kalküls ertränkt

ia telah menenggelamkan perkara-perkara ini dalam air berais pengiraan egois

Sie hat den persönlichen Wert in Tauschwert aufgelöst

Ia telah menyelesaikan nilai peribadi kepada nilai yang boleh ditukar

Sie hat die zahllosen und unveräußerlichen verbrieften Freiheiten ersetzt

ia telah menggantikan kebebasan bertauliah yang tidak terkira dan tidak dapat dinafikan

und sie hat eine einzige, skrupellose Freiheit geschaffen; Freihandel

dan ia telah menubuhkan kebebasan tunggal yang tidak
masuk akal; Perdagangan Bebas
Mit einem Wort, sie hat dies für die Ausbeutung getan
Dalam satu perkataan, ia telah melakukan ini untuk
eksploitasi
Ausbeutung, verschleiert durch religiöse und politische
Illusionen
eksploitasi yang diselubungi oleh ilusi agama dan politik
Ausbeutung verschleiert durch nackte, schamlose, direkte,
brutale Ausbeutung
eksploitasi terselubung oleh eksploitasi telanjang, tidak tahu
malu, langsung, kejam
die Bourgeoisie hat den Heiligenschein von jedem zuvor
geehrten und verehrten Beruf abgestreift
Borjuasi telah menanggalkan lingkaran cahaya dari setiap
pekerjaan yang dihormati dan dihormati sebelum ini
der Arzt, der Advokat, der Priester, der Dichter und der
Mann der Wissenschaft
doktor, peguam, imam, penyair, dan ahli sains
Sie hat diese ausgezeichneten Arbeiter in ihre bezahlten
Lohnarbeiter verwandelt
ia telah menukar pekerja terkemuka ini kepada buruh upah
bergaji
Die Bourgeoisie hat der Familie den sentimentalen Schleier
weggerissen
Borjuasi telah merobek tudung sentimental daripada keluarga
Und sie hat das Familienverhältnis auf ein bloßes
Geldverhältnis reduziert
dan ia telah mengurangkan hubungan keluarga kepada
hubungan wang semata-mata
die brutale Zurschaustellung der Kraft im Mittelalter, die
die Reaktionäre so sehr bewundern
paparan kekuatan yang kejam pada Zaman Pertengahan yang
sangat dikagumi oleh Reaksionis
Auch diese fand ihre passende Ergänzung in der trägesten
Trägheit

walaupun ini mendapati pelengkapnya yang sesuai dalam
kemalasan yang paling malas
Die Bourgeoisie hat enthüllt, wie es dazu gekommen ist
Borjuasi telah mendedahkan bagaimana semua ini berlaku
Die Bourgeoisie war die erste, die gezeigt hat, was die
Tätigkeit des Menschen bewirken kann
Borjuasi telah menjadi yang pertama menunjukkan apa yang
boleh dibawa oleh aktiviti manusia
Sie hat Wunder vollbracht, die ägyptische Pyramiden,
römische Aquädukte und gotische Kathedralen bei weitem
übertreffen
Ia telah mencapai keajaiban yang jauh melebihi piramid
Mesir, saluran air Rom, dan katedral Gothic
und sie hat Expeditionen durchgeführt, die alle früheren
Auszüge von Nationen und Kreuzzügen in den Schatten
stellten
dan ia telah menjalankan ekspedisi yang meletakkan di bawah
naungan semua bekas Keluaran bangsa-bangsa dan perang
salib
Die Bourgeoisie kann nicht existieren, ohne die
Produktionsmittel ständig zu revolutionieren
Borjuasi tidak boleh wujud tanpa sentiasa merevolusikan
instrumen pengeluaran
und damit kann sie nicht ohne ihre Beziehungen zur
Produktion existieren
dan dengan itu ia tidak boleh wujud tanpa hubungannya
dengan pengeluaran
und deshalb kann sie nicht ohne ihre Beziehungen zur
Gesellschaft existieren
dan oleh itu ia tidak boleh wujud tanpa hubungannya dengan
masyarakat
Alle früheren Industrieklassen hatten eine Bedingung
gemeinsam
Semua kelas perindustrian terdahulu mempunyai satu syarat
yang sama
Sie setzten auf die Bewahrung der alten Produktionsweisen

mereka bergantung pada pemuliharaan mod pengeluaran
lama
**aber die Bourgeoisie brachte eine völlig neue Dynamik mit
sich**
tetapi Borjuasi membawa bersamanya dinamik yang sama
sekali baru
**Ständige Revolutionierung der Produktion und
ununterbrochene Störung aller gesellschaftlichen
Verhältnisse**
Revolusi berterusan pengeluaran dan gangguan tanpa
gangguan semua keadaan sosial
**diese immerwährende Unsicherheit und Unruhe
unterscheidet die Epoche der Bourgeoisie von allen früheren**
ketidakpastian dan pergolakan yang kekal ini membezakan
zaman Borjuasi daripada semua zaman terdahulu
**Die bisherigen Beziehungen zur Produktion waren mit alten
und ehrwürdigen Vorurteilen und Meinungen verbunden**
hubungan terdahulu dengan pengeluaran datang dengan
prasangka dan pendapat kuno dan dihormati
**Aber all diese festgefahrenen, eingefrorenen Beziehungen
werden hinweggefegt**
tetapi semua hubungan yang tetap dan cepat beku ini
dihanyutkan
**Alle neu gebildeten Verhältnisse werden antiquiert, bevor
sie erstarren können**
semua hubungan yang baru terbentuk menjadi lapuk sebelum
ia boleh mengeras
**Alles, was fest ist, zerschmilzt in Luft, und alles, was heilig
ist, wird entweiht**
Semua yang pepejal cair ke udara, dan semua yang suci
dicemari
**Der Mensch ist endlich gezwungen, mit nüchternen Sinnen
seinen wirklichen Lebensbedingungen ins Auge zu sehen**
Manusia akhirnya terpaksa menghadapi dengan deria yang
sedar, keadaan sebenar kehidupannya

und er ist gezwungen, sich seinen Beziehungen zu
seinesgleichen zu stellen
dan dia terpaksa menghadapi hubungannya dengan jenisnya
**Die Bourgeoisie muss ständig ihre Märkte für ihre Produkte
erweitern**
Borjuasi sentiasa perlu mengembangkan pasarannya untuk
produknya
**und deshalb wird die Bourgeoisie über die ganze
Erdoberfläche gejagt**
dan, kerana ini, Borjuasi dikejar di seluruh permukaan dunia
**Die Bourgeoisie muss sich überall einnisten, sich überall
niederlassen, überall Verbindungen herstellen**
Borjuasi mesti bersarang di mana-mana, menetap di mana-
mana, mewujudkan hubungan di mana-mana
**Die Bourgeoisie muss in jedem Winkel der Welt Märkte
schaffen, um sie auszubeuten**
Borjuasi mesti mewujudkan pasaran di setiap pelosok dunia
untuk mengeksploitasi
**Die Produktion und der Konsum in jedem Land haben
einen kosmopolitischen Charakter erhalten**
pengeluaran dan penggunaan di setiap negara telah diberi
watak kosmopolitan
**der Verdruss der Reaktionäre ist mit Händen zu greifen,
aber er hat sich trotzdem fortgesetzt**
kekecewaan Reaksionis dapat dirasai, tetapi ia telah
berterusan tanpa mengira
**Die Bourgeoisie hat der Industrie den nationalen Boden, auf
dem sie stand, unter den Füßen weggezogen**
Borjuasi telah menarik dari bawah kaki industri tanah negara
di mana ia berdiri
**Alle alteingesessenen nationalen Industrien sind zerstört
worden oder werden täglich zerstört**
semua industri negara yang lama ditubuhkan telah musnah,
atau setiap hari dimusnahkan
**Alle alteingesessenen nationalen Industrien werden durch
neue Industrien verdrängt**

Semua industri negara yang lama ditubuhkan disingkirkan oleh industri baru

Ihre Einführung wird zu einer Frage von Leben und Tod für alle zivilisierten Völker

pengenalan mereka menjadi persoalan hidup dan mati bagi semua negara bertamadun

Sie werden von Industrien verdrängt, die keine heimischen Rohstoffe mehr verarbeiten

mereka disingkirkan oleh industri yang tidak lagi menggunakan bahan mentah asli

Stattdessen beziehen diese Industrien Rohstoffe aus den entlegensten Zonen

sebaliknya, industri ini menarik bahan mentah dari zon terpencil

Industrien, deren Produkte nicht nur zu Hause, sondern in allen Teilen der Welt konsumiert werden

industri yang produknya digunakan, bukan sahaja di rumah, tetapi di setiap suku dunia

An die Stelle der alten Bedürfnisse, die durch die Erzeugnisse des Landes befriedigt werden, treten neue Bedürfnisse

Sebagai ganti kehendak lama, berpuas hati dengan pengeluaran negara, kita dapati kehendak baru

Diese neuen Bedürfnisse bedürfen zu ihrer Befriedigung der Produkte aus fernen Ländern und Klimazonen

kehendak baru ini memerlukan untuk kepuasan mereka produk tanah dan iklim yang jauh

An die Stelle der alten lokalen und nationalen Abgeschiedenheit und Selbstversorgung tritt der Handel

Sebagai ganti pengasingan dan sara diri tempatan dan kebangsaan yang lama, kami mempunyai perdagangan

internationaler Austausch in alle Richtungen; universelle Interdependenz der Nationen

pertukaran antarabangsa dalam setiap arah; Kebergantungan sejagat negara

Und so wie wir von Materialien abhängig sind, so sind wir von der intellektuellen Produktion abhängig
dan sama seperti kita mempunyai kebergantungan kepada bahan, begitu juga kita bergantung kepada pengeluaran intelektual

Die geistigen Schöpfungen der einzelnen Nationen werden zum Gemeingut
Ciptaan intelektual setiap negara menjadi harta bersama

Nationale Einseitigkeit und Engstirnigkeit werden immer unmöglicher
Keberat sebelah dan fikiran sempit negara menjadi semakin mustahil

Und aus den zahlreichen nationalen und lokalen Literaturen entsteht eine Weltliteratur
dan daripada banyak kesusasteraan kebangsaan dan tempatan, timbul kesusasteraan dunia

durch die rasche Verbesserung aller Produktionsmittel
dengan peningkatan pesat semua instrumen pengeluaran

durch die immens erleichterten Kommunikationsmittel
dengan cara komunikasi yang sangat dipermudahkan

Die Bourgeoisie zieht alle (auch die barbarischsten Nationen) in die Zivilisation hinein
Borjuasi menarik semua (walaupun negara yang paling biadab) ke dalam tamadun

Die billigen Preise seiner Waren; die schwere Artillerie, die alle chinesischen Mauern niederreißt
Harga murah komoditinya; artileri berat yang menghantam semua tembok China

Der hartnäckige Fremdenhass der Barbaren wird zur Kapitulation gezwungen
kebencian orang barbar yang sangat degil terhadap orang asing terpaksa menyerah kalah

Sie zwingt alle Nationen, unter Androhung des Aussterbens, die Bourgeoisie Produktionsweise anzunehmen

Ia memaksa semua negara, atas kesakitan kepupusan, untuk
mengamalkan cara pengeluaran Borjuasi
**Sie zwingt sie, das, was sie Zivilisation nennt, in ihre Mitte
einzuführen**
ia memaksa mereka untuk memperkenalkan apa yang
dipanggil tamadun ke tengah-tengah mereka
**Die Bourgeoisie zwingt die Barbaren, selbst zur Bourgeoisie
zu werden**
Borjuasi memaksa orang barbar untuk menjadi Borjuasi
sendiri
**mit einem Wort, die Bourgeoisie schafft sich eine Welt nach
ihrem Bilde**
dalam satu perkataan, Borjuasi mencipta dunia mengikut
imejnya sendiri
**Die Bourgeoisie hat das Land der Herrschaft der Städte
unterworfen**
Borjuasi telah menundukkan kawasan luar bandar kepada
pemerintahan bandar-bandar
**Sie hat riesige Städte geschaffen und die Stadtbevölkerung
stark vergrößert**
Ia telah mewujudkan bandar-bandar besar dan meningkatkan
penduduk bandar dengan ketara
**Sie rettete einen beträchtlichen Teil der Bevölkerung vor der
Idiotie des Landlebens**
ia menyelamatkan sebahagian besar penduduk daripada
kebodohan kehidupan luar bandar
**Aber sie hat die Menschen auf dem Lande von den Städten
abhängig gemacht**
tetapi ia telah menjadikan mereka yang berada di luar bandar
bergantung kepada bandar-bandar
**Und ebenso hat sie die barbarischen Länder von den
zivilisierten abhängig gemacht**
dan begitu juga, ia telah menjadikan negara-negara biadab
bergantung kepada negara-negara bertamadun
**Bauernnationen gegen Völker der Bourgeoisie, Osten gegen
Westen**

bangsa-bangsa petani di negara-negara Borjuasi, Timur di
Barat
**Die Bourgeoisie beseitigt den zerstreuten Zustand der
Bevölkerung mehr und mehr**
Borjuasi menghapuskan keadaan penduduk yang bertaburan
semakin banyak
**Sie hat die Produktion agglomeriert und das Eigentum in
wenigen Händen konzentriert**
Ia mempunyai pengeluaran yang terkumpul, dan mempunyai
harta tertumpu di beberapa tangan
**Die notwendige Konsequenz daraus war eine politische
Zentralisierung**
Akibat yang diperlukan daripada ini ialah pemusatan politik
**Es gab unabhängige Nationen und lose miteinander
verbundene Provinzen**
Terdapat negara merdeka dan wilayah yang bersambung
longgar
**Sie hatten getrennte Interessen, Gesetze, Regierungen und
Steuersysteme**
mereka mempunyai kepentingan, undang-undang, kerajaan
dan sistem percukaian yang berasingan
**Aber sie sind zu einer Nation zusammengeschmolzen, mit
einer Regierung**
tetapi mereka telah disatukan menjadi satu negara, dengan
satu kerajaan
**Sie haben jetzt ein nationales Klasseninteresse, eine Grenze
und einen Zolltarif**
mereka kini mempunyai satu kepentingan kelas nasional, satu
sempadan dan satu tarif kastam
**Und dieses nationale Klasseninteresse ist unter einem
Gesetzbuch vereinigt**
dan kepentingan kelas nasional ini disatukan di bawah satu
kod undang-undang
**die Bourgeoisie hat während ihrer knapp hundertjährigen
Herrschaft viel erreicht**

Borjuasi telah mencapai banyak perkara semasa
pemerintahannya yang terhad seratus tahun
massivere und kolossalere Produktivkräfte als alle
vorhergehenden Generationen zusammen
kuasa produktif yang lebih besar dan besar daripada semua
generasi sebelumnya bersama-sama
Die Kräfte der Natur sind dem Willen des Menschen und
seiner Maschinerie unterworfen
Kuasa alam semula jadi ditaklukkan kepada kehendak
manusia dan jenteranya
Die Chemie wird auf alle Industrieformen und
Landwirtschaftsformen angewendet
Kimia digunakan untuk semua bentuk industri dan jenis
pertanian
Dampfschiffahrt, Eisenbahnen, elektrische Telegraphen und
die Druckerpresse
navigasi wap, kereta api, telegraf elektrik, dan mesin cetak
Rodung ganzer Kontinente für den Anbau, Kanalisierung
von Flüssen
pembersihan seluruh benua untuk penanaman, terusan sungai
ganze Populationen wurden aus dem Boden gezaubert und
an die Arbeit gebracht
seluruh populasi telah disulap keluar dari tanah dan
digunakan untuk bekerja
Welches frühere Jahrhundert hatte auch nur eine Ahnung
von dem, was entfesselt werden könnte?
Apakah abad awal yang mempunyai prasentimen tentang apa
yang boleh dilepaskan?
Wer hat vorausgesagt, dass solche Produktivkräfte im Schoß
der gesellschaftlichen Arbeit schlummern?
Siapa yang meramalkan bahawa kuasa produktif sedemikian
tertidur di pangkuan buruh sosial?
Wir sehen also, daß die Produktions- und Tauschmittel in
der feudalen Gesellschaft erzeugt wurden
kita melihat bahawa alat pengeluaran dan pertukaran telah
dijana dalam masyarakat feudal

die Produktionsmittel, auf deren Grundlage sich die Bourgeoisie aufbaute
alat-alat pengeluaran di mana asasnya Borjuasi membina dirinya sendiri
Auf einer bestimmten Stufe der Entwicklung dieser Produktions- und Tauschmittel
Pada peringkat tertentu dalam pembangunan alat pengeluaran dan pertukaran ini
die Bedingungen, unter denen die feudale Gesellschaft produzierte und tauschte
keadaan di mana masyarakat feudal menghasilkan dan bertukar
Die feudale Organisation der Landwirtschaft und des verarbeitenden Gewerbes
Pertubuhan Feudal Pertanian dan Industri Pembuatan
Die feudalen Eigentumsverhältnisse waren mit den materiellen Verhältnissen nicht mehr vereinbar
hubungan feudal harta tidak lagi serasi dengan keadaan material
Sie mussten gesprengt werden, also wurden sie auseinandergesprengt
Mereka terpaksa pecah, jadi mereka pecah
An ihre Stelle trat die freie Konkurrenz der Produktivkräfte
Ke tempat mereka melangkah persaingan bebas daripada kuasa produktif
Und sie wurden von einer ihr angepassten sozialen und politischen Verfassung begleitet
dan mereka disertai dengan perlembagaan sosial dan politik yang disesuaikan dengannya
und sie wurde begleitet von der ökonomischen und politischen Herrschaft der Bourgeoisie Klasse
dan ia disertai dengan pengaruh ekonomi dan politik kelas Borjuasi
Eine ähnliche Bewegung vollzieht sich vor unseren eigenen Augen

Pergerakan serupa sedang berlaku di hadapan mata kita
sendiri
Die moderne Bourgeoisie Gesellschaft mit ihren
Produktions-, Tausch- und Eigentumsverhältnissen
Masyarakat Borjuasi moden dengan hubungan pengeluaran,
dan pertukaran, dan harta benda
eine Gesellschaft, die so gigantische Produktions- und
Tauschmittel heraufbeschworen hat
masyarakat yang telah memunculkan cara pengeluaran dan
pertukaran yang begitu besar
Es ist wie der Zauberer, der die Mächte der Unterwelt
heraufbeschworen hat
Ia seperti ahli sihir yang memanggil kuasa dunia bawah
Aber er ist nicht mehr in der Lage, zu kontrollieren, was er
in die Welt gebracht hat
tetapi dia tidak lagi dapat mengawal apa yang telah dia bawa
ke dunia
Viele Jahrzehnte lang war die vergangene Geschichte durch
einen roten Faden miteinander verbunden
Selama sedekad yang lalu, sejarah telah diikat bersama oleh
benang yang sama
Die Geschichte der Industrie und des Handels ist nichts
anderes als die Geschichte der Revolten
Sejarah industri dan perdagangan hanyalah sejarah
pemberontakan
die Revolten der modernen Produktivkräfte gegen die
modernen Produktionsbedingungen
pemberontakan kuasa produktif moden terhadap keadaan
pengeluaran moden
die Revolten der modernen Produktivkräfte gegen die
Eigentumsverhältnisse
pemberontakan kuasa produktif moden terhadap hubungan
harta
diese Eigentumsverhältnisse sind die Bedingungen für die
Existenz der Bourgeoisie
hubungan harta ini adalah syarat untuk kewujudan Borjuasi

und die Existenz der Bourgeoisie bestimmt die Regeln der Eigentumsverhältnisse

dan kewujudan Borjuasi menentukan peraturan untuk hubungan harta

Es genügt, die periodische Wiederkehr von Handelskrisen zu erwähnen

Cukuplah untuk menyebut pengembalian krisis komersial secara berkala

jede Handelskrise ist für die Bourgeoisie Gesellschaft bedrohlicher als die letzte

setiap krisis komersial lebih mengancam masyarakat Borjuasi daripada yang terakhir

In diesen Krisen wird ein großer Teil der bestehenden Produkte vernichtet

Dalam krisis ini, sebahagian besar produk sedia ada dimusnahkan

Diese Krisen zerstören aber auch die zuvor geschaffenen Produktivkräfte

Tetapi krisis ini juga memusnahkan kuasa produktif yang dicipta sebelum ini

In allen früheren Epochen wären diese Epidemien als Absurdität erschienen

Dalam semua zaman terdahulu, wabak ini kelihatan tidak masuk akal

denn diese Epidemien sind die kommerziellen Krisen der Überproduktion

kerana wabak ini adalah krisis komersial pengeluaran berlebihan

Die Gesellschaft befindet sich plötzlich wieder in einem Zustand der momentanen Barbarei

Masyarakat tiba-tiba mendapati dirinya kembali ke dalam keadaan kebiadaban seketika

als ob ein allgemeiner Verwüstungskrieg jede Möglichkeit des Lebensunterhalts abgeschnitten hätte

seolah-olah perang kemusnahan sejagat telah memotong setiap cara sara hidup

Industrie und Handel scheinen zerstört worden zu sein; Und warum?

industri dan perdagangan nampaknya telah musnah; Dan mengapa?

Weil es zu viel Zivilisation und Subsistenzmittel gibt

Kerana terdapat terlalu banyak tamadun dan cara sara hidup

Und weil es zu viel Industrie und zu viel Handel gibt

dan kerana terdapat terlalu banyak industri, dan terlalu banyak perdagangan

Die Produktivkräfte, die der Gesellschaft zur Verfügung stehen, entwickeln nicht mehr das Bourgeoisie Eigentum

Kuasa produktif di pelupusan masyarakat tidak lagi membangunkan harta Borjuasi

im Gegenteil, sie sind zu mächtig geworden für diese Verhältnisse, durch die sie gefesselt sind

sebaliknya, mereka telah menjadi terlalu kuat untuk keadaan ini, yang mana mereka dibelenggu

sobald sie diese Fesseln überwunden haben, bringen sie Unordnung in die ganze Bourgeoisie Gesellschaft

sebaik sahaja mereka mengatasi belenggu ini, mereka membawa kekacauan ke dalam seluruh masyarakat Borjuasi

und die Produktivkräfte gefährden die Existenz des Bourgeoisie Eigentums

dan kuasa produktif membahayakan kewujudan harta Borjuasi

Die Bedingungen der Bourgeoisie Gesellschaft sind zu eng, um den von ihnen geschaffenen Reichtum zu erfassen

Keadaan masyarakat Borjuasi terlalu sempit untuk terdiri daripada kekayaan yang dicipta oleh mereka

Und wie überwindet die Bourgeoisie diese Krisen?

Dan bagaimana Borjuasi mengatasi krisis ini?

Einerseits überwindet sie diese Krisen durch die erzwungene Vernichtung einer Masse von Produktivkräften

Di satu pihak, ia mengatasi krisis ini dengan pemusnahan paksa jisim kuasa produktif

Andererseits überwindet sie diese Krisen durch die Eroberung neuer Märkte

Sebaliknya, ia mengatasi krisis ini dengan penaklukan pasaran baharu

Und sie überwindet diese Krisen durch die gründlichere Ausbeutung der alten Produktivkräfte

dan ia mengatasi krisis ini dengan eksploitasi yang lebih menyeluruh terhadap kuasa pengeluaran lama

Das heißt, indem sie den Weg für umfangreichere und zerstörerischere Krisen ebnen

Maksudnya, dengan membuka jalan kepada krisis yang lebih meluas dan lebih merosakkan

Sie überwindet die Krise, indem sie die Mittel zur Krisenprävention einschränkt

ia mengatasi krisis dengan mengurangkan cara di mana krisis dicegah

Die Waffen, mit denen die Bourgeoisie den Feudalismus zu Fall brachte, sind jetzt gegen sich selbst gerichtet

Senjata-senjata yang digunakan oleh Borjuasi menumbangkan feudalisme ke tanah kini berpaling menentang dirinya sendiri

Aber die Bourgeoisie hat nicht nur die Waffen geschmiedet, die sich selbst den Tod bringen

Tetapi bukan sahaja Borjuasi telah memalsukan senjata yang membawa kematian kepada dirinya sendiri

Sie hat auch die Männer ins Leben gerufen, die diese Waffen führen sollen

ia juga telah memanggil kewujudan lelaki yang akan menggunakan senjata itu

Und diese Männer sind die moderne Arbeiterklasse; Sie sind die Proletarier

dan orang-orang ini adalah kelas pekerja moden; mereka adalah proletar

In dem Maße, wie die Bourgeoisie entwickelt ist, entwickelt sich auch das Proletariat

Dalam perkadaran seperti Borjuasi dibangunkan, dalam perkadaran yang sama Proletariat dibangunkan

Die moderne Arbeiterklasse entwickelte eine Klasse von Arbeitern

Kelas pekerja moden membangunkan kelas buruh

Diese Klasse von Arbeitern lebt nur so lange, wie sie Arbeit findet

Kelas buruh ini hidup hanya selagi mereka mendapat pekerjaan

Und sie finden nur so lange Arbeit, wie ihre Arbeit das Kapital vermehrt

dan mereka mencari kerja hanya selagi buruh mereka meningkatkan modal

Diese Arbeiter, die sich stückweise verkaufen müssen, sind eine Ware

Buruh-buruh ini, yang mesti menjual diri mereka sedikit demi sedikit, adalah komoditi

Diese Arbeiter sind wie jeder andere Handelsartikel

Buruh-buruh ini seperti setiap artikel perdagangan yang lain

und sie sind folglich allen Wechselfällen des Wettbewerbs ausgesetzt

dan akibatnya mereka terdedah kepada semua perubahan persaingan

Sie müssen alle Schwankungen des Marktes überstehen

Mereka perlu mengharungi semua turun naik pasaran

Aufgrund des umfangreichen Maschineneinsatzes und der Arbeitsteilung

Disebabkan oleh penggunaan jentera yang meluas dan pembahagian kerja

Die Arbeit der Proletarier hat jeden individuellen Charakter verloren

kerja proletariat telah kehilangan semua watak individu

Und folglich hat die Arbeit der Proletarier für den Arbeiter jeden Reiz verloren

dan akibatnya, kerja proletar telah kehilangan semua daya tarikan bagi pekerja

Er wird zu einem Anhängsel der Maschine und nicht mehr zu dem Mann, der er einmal war

Dia menjadi pelengkap mesin, dan bukannya lelaki seperti dulu

Nur das einfachste, eintönigste und am leichtesten zu erwerbende Geschick wird von ihm verlangt

Hanya bakat yang paling mudah, membosankan, dan paling mudah diperoleh diperlukan daripadanya

Daher sind die Produktionskosten eines Arbeiters begrenzt

Oleh itu, kos pengeluaran seorang pekerja adalah terhad

sie beschränkt sich fast ausschließlich auf die Mittel zur Bestreitung des Lebensunterhalts, die er zu seinem Unterhalt benötigt

ia terhad hampir sepenuhnya kepada cara sara hidup yang dia perlukan untuk nafkahnya

und sie beschränkt sich auf die Subsistenzmittel, die er zur Fortpflanzung seiner Rasse benötigt

dan ia terhad kepada cara sara hidup yang dia perlukan untuk penyebaran kaumnya

Aber der Preis einer Ware, also auch der Arbeit, ist gleich ihren Produktionskosten

Tetapi harga komoditi, dan oleh itu juga buruh, adalah sama dengan kos pengeluarannya

In dem Maße also, wie die Widerwärtigkeit der Arbeit zunimmt, sinkt der Lohn

Oleh itu, dalam perkadaran, apabila kejijikan kerja meningkat, gaji berkurangan

Ja, die Widerwärtigkeit seiner Arbeit nimmt sogar noch mehr zu

Tidak, kejijikan karyanya meningkat pada kadar yang lebih tinggi

In dem Maße, wie der Einsatz von Maschinen und die Arbeitsteilung zunehmen, steigt auch die Last der Arbeit

apabila penggunaan jentera dan pembahagian kerja meningkat, begitu juga beban kerja keras

Die Arbeitsbelastung wird durch die Verlängerung der Arbeitszeit erhöht

Beban kerja keras ditingkatkan dengan memanjangkan waktu bekerja

Dem Arbeiter wird in der gleichen Zeit mehr zugemutet als zuvor

lebih banyak diharapkan daripada buruh dalam masa yang sama seperti sebelum ini

Und natürlich wird die Last der Arbeit durch die Geschwindigkeit der Maschinerie erhöht

dan sudah tentu beban kerja keras ditingkatkan dengan kelajuan jentera

Die moderne Industrie hat die kleine Werkstatt des patriarchalischen Meisters in die große Fabrik des industriellen Kapitalisten verwandelt

Industri moden telah menukar bengkel kecil tuan patriarki menjadi kilang besar kapitalis perindustrian

Massen von Arbeitern, die in die Fabrik gedrängt sind, sind wie Soldaten organisiert

Massa buruh, bersesak ke dalam kilang, diatur seperti askar

Als Gefreite der Industriearmee stehen sie unter dem Kommando einer vollkommenen Hierarchie von Offizieren und Unteroffizieren

Sebagai persendirian tentera perindustrian, mereka diletakkan di bawah perintah hierarki pegawai dan sarjan yang sempurna

sie sind nicht nur die Sklaven der Bourgeoisie und des Staates

mereka bukan sahaja hamba kelas Borjuasi dan Negara

Aber sie werden auch täglich und stündlich von der Maschine versklavt

tetapi mereka juga diperhambakan setiap hari dan setiap jam oleh mesin

sie sind Sklaven des Aufsehers und vor allem des einzelnen Bourgeoisie Fabrikanten selbst

mereka diperhambakan oleh pemerhati, dan, di atas semua, oleh pengilang Borjuasi individu itu sendiri

Je offener dieser Despotismus den Gewinn als seinen Zweck und sein Ziel proklamiert, desto kleinlicher, verhaßter und verbitterender ist er
Semakin terbuka despotisme ini mengisytiharkan keuntungan sebagai akhir dan matlamatnya, semakin kecil, semakin benci dan semakin pahit

Je mehr sich die moderne Industrie entwickelt, desto geringer sind die Unterschiede zwischen den Geschlechtern
semakin industri moden menjadi maju, semakin kecil perbezaan antara jantina

Je geringer die Geschicklichkeit und Kraftanstrengung der Handarbeit ist, desto mehr wird die Arbeit der Männer von der der Frauen verdrängt
Semakin kurang kemahiran dan usaha kekuatan yang tersirat dalam buruh manual, semakin banyak buruh lelaki digantikan oleh buruh wanita

Alters- und Geschlechtsunterschiede haben für die Arbeiterklasse keine besondere gesellschaftliche Gültigkeit mehr
Perbezaan umur dan jantina tidak lagi mempunyai kesahihan sosial yang tersendiri untuk kelas pekerja

Alle sind Arbeitsinstrumente, die je nach Alter und Geschlecht mehr oder weniger teuer zu gebrauchen sind
Semua adalah alat buruh, lebih kurang mahal untuk digunakan, mengikut umur dan jantina mereka

sobald der Arbeiter seinen Lohn in bar erhält, wird er von den übrigen Teilen der Bourgeoisie angegriffen
sebaik sahaja buruh menerima upahnya secara tunai, daripada dia ditetapkan oleh bahagian-bahagian Borjuasi yang lain

der Vermieter, der Ladenbesitzer, der Pfandleiher usw
tuan tanah, penjaga kedai, pajak gadai, dll

Die unteren Schichten der Mittelschicht; die kleinen Handwerker und Ladenbesitzer
Lapisan bawah kelas pertengahan; peniaga kecil orang dan pekedai

die pensionierten Gewerbetreibenden überhaupt, die Handwerker und Bauern

peniaga yang telah bersara secara amnya, dan tukang tangan dan petani

all dies sinkt allmählich in das Proletariat ein

semua ini tenggelam secara beransur-ansur ke dalam Proletariat

theils deshalb, weil ihr winziges Kapital nicht ausreicht für den Maßstab, in dem die moderne Industrie betrieben wird

sebahagiannya kerana modal kecil mereka tidak mencukupi untuk skala di mana Industri Moden dijalankan

und weil sie in der Konkurrenz mit den Großkapitalisten überschwemmt wird

dan kerana ia dibanjiri dalam persaingan dengan kapitalis besar

zum Teil deshalb, weil ihr spezialisiertes Können durch die neuen Produktionsmethoden wertlos wird

sebahagiannya kerana kemahiran khusus mereka menjadi tidak bernilai oleh kaedah pengeluaran baru

So rekrutiert sich das Proletariat aus allen Klassen der Bevölkerung

Oleh itu, Proletariat direkrut daripada semua kelas penduduk

Das Proletariat durchläuft verschiedene Entwicklungsstufen

Proletariat melalui pelbagai peringkat pembangunan

Mit ihrer Geburt beginnt der Kampf mit der Bourgeoisie

Dengan kelahirannya bermula perjuangannya dengan Borjuasi

Zuerst wird der Kampf von einzelnen Arbeitern geführt

Pada mulanya pertandingan dijalankan oleh buruh individu

Dann wird der Kampf von den Arbeitern einer Fabrik ausgetragen

Kemudian pertandingan dijalankan oleh pekerja kilang

Dann wird der Kampf von den Arbeitern eines Gewerbes an einem Ort ausgetragen

Kemudian pertandingan dijalankan oleh pengendali satu perdagangan, di satu kawasan

**und der Kampf richtet sich dann gegen die einzelne
Bourgeoisie, die sie direkt ausbeutet**

dan pertandingan itu kemudiannya menentang Borjuasi
individu yang mengeksploitasi mereka secara langsung

**Sie richten ihre Angriffe nicht gegen die Bourgeoisie
Produktionsbedingungen**

Mereka mengarahkan serangan mereka bukan terhadap
syarat-syarat pengeluaran Borjuasi

**aber sie richten ihren Angriff gegen die Produktionsmittel
selbst**

tetapi mereka mengarahkan serangan mereka terhadap
instrumen pengeluaran itu sendiri

**Sie vernichten importierte Waren, die mit ihrer Arbeitskraft
konkurrieren**

mereka memusnahkan barangan import yang bersaing
dengan buruh mereka

Sie zertrümmern Maschinen und setzen Fabriken in Brand

mereka menghancurkan jentera dan mereka membakar kilang

**sie versuchen, den verschwundenen Status des Arbeiters des
Mittelalters mit Gewalt wiederherzustellen**

mereka berusaha untuk memulihkan secara paksa status
pekerja Zaman Pertengahan yang lenyap

**In diesem Stadium bilden die Arbeiter noch eine
unzusammenhängende Masse, die über das ganze Land
verstreut ist**

Pada peringkat ini buruh masih membentuk jisim yang tidak
koheren yang tersebar di seluruh negara

**und sie werden durch ihre gegenseitige Konkurrenz
zerrissen**

dan mereka dipecahkan oleh persaingan bersama mereka

**Wenn sie sich irgendwo zu kompakteren Körpern
vereinigen, so ist dies noch nicht die Folge ihrer eigenen
aktiven Vereinigung**

Jika di mana-mana mereka bersatu untuk membentuk badan
yang lebih padat, ini belum lagi akibat daripada kesatuan aktif
mereka sendiri

aber es ist eine Folge der Vereinigung der Bourgeoisie, ihre eigenen politischen Ziele zu erreichen

tetapi ia adalah akibat daripada penyatuan Borjuasi, untuk mencapai tujuan politiknya sendiri

die Bourgeoisie ist gezwungen, das ganze Proletariat in Bewegung zu setzen

Borjuasi terpaksa menggerakkan seluruh Proletariat

und überdies ist die Bourgeoisie eine Zeitlang dazu in der Lage

dan lebih-lebih lagi, untuk sementara waktu, Borjuasi mampu berbuat demikian

In diesem Stadium kämpfen die Proletarier also nicht gegen ihre Feinde

Oleh itu, pada peringkat ini, proletar tidak melawan musuh mereka

Stattdessen kämpfen sie gegen die Feinde ihrer Feinde

tetapi sebaliknya mereka melawan musuh musuh mereka

Der Kampf gegen die Überreste der absoluten Monarchie und die Großgrundbesitzer

perjuangan sisa-sisa monarki mutlak dan pemilik tanah

sie bekämpfen die nicht-industrielle Bourgeoisie; das Kleiliche Bourgeoisie

mereka melawan Borjuasi bukan perindustrian; Borjuasi kecil

So ist die ganze historische Bewegung in den Händen der Bourgeoisie konzentriert

Oleh itu, keseluruhan pergerakan sejarah tertumpu di tangan Borjuasi

jeder so errungene Sieg ist ein Sieg der Bourgeoisie

setiap kemenangan yang diperolehi adalah kemenangan bagi Borjuasi

Aber mit der Entwicklung der Industrie wächst nicht nur die Zahl des Proletariats

Tetapi dengan perkembangan industri, Proletariat bukan sahaja meningkat dalam bilangan

das Proletariat konzentriert sich in größeren Massen und seine Kraft wächst

Proletariat menjadi tertumpu dalam jisim yang lebih besar
dan kekuatannya bertambah
und das Proletariat spürt diese Kraft mehr und mehr
dan Proletariat merasakan kekuatan itu semakin
**Die verschiedenen Interessen und Lebensbedingungen in
den Reihen des Proletariats gleichen sich mehr und mehr an**
Pelbagai kepentingan dan keadaan kehidupan dalam barisan
Proletariat semakin disamakan
**sie werden in dem Maße größer, wie die Maschinerie alle
Unterschiede der Arbeit verwischt**
mereka menjadi lebih berkadaran apabila jentera
melenyapkan semua perbezaan buruh
**Und die Maschinen senken fast überall die Löhne auf das
gleiche niedrige Niveau**
dan jentera hampir di mana-mana mengurangkan gaji ke
tahap rendah yang sama
**Die wachsende Konkurrenz der Bourgeoisie und die daraus
resultierenden Handelskrisen lassen die Löhne der Arbeiter
immer schwankender**
Persaingan yang semakin meningkat di kalangan Borjuasi,
dan krisis komersial yang terhasil, menjadikan gaji pekerja
semakin berubah-ubah
**Die unaufhörliche Verbesserung der sich immer schneller
entwickelnden Maschinen macht ihren Lebensunterhalt
immer prekärer**
Penambahbaikan jentera yang tidak henti-hentinya, semakin
pesat berkembang, menjadikan mata pencarian mereka
semakin tidak menentu
**die Kollisionen zwischen einzelnen Arbeitern und
einzelnen Bourgeoisien nehmen immer mehr den Charakter
von Zusammenstößen zwischen zwei Klassen an**
perlanggaran antara pekerja individu dan borjuasi individu
mengambil lebih banyak watak perlanggaran antara dua kelas
**Darauf beginnen die Arbeiter, sich gegen die Bourgeoisie zu
verbünden (Gewerkschaften)**

Selepas itu pekerja mula membentuk gabungan (Kesatuan Sekerja) menentang Borjuasi

Sie schließen sich zusammen, um die Löhne hoch zu halten

mereka berkumpul bersama untuk mengekalkan kadar upah

sie gründeten ständige Vereinigungen, um für diese gelegentlichen Revolten im voraus Vorsorge zu treffen

mereka menemui persatuan tetap untuk membuat peruntukan terlebih dahulu untuk pemberontakan sekali-sekala ini

Hier und da bricht der Wettkampf in Ausschreitungen aus

Di sana-sini pertandingan meletus menjadi rusuhan

Hin und wieder siegen die Arbeiter, aber nur für eine gewisse Zeit

Kadang-kadang pekerja menang, tetapi hanya untuk seketika

Die wirkliche Frucht ihrer Kämpfe liegt nicht in den unmittelbaren Ergebnissen, sondern in der immer größer werdenden Vereinigung der Arbeiter

Hasil sebenar pertempuran mereka terletak, bukan pada hasil serta-merta, tetapi dalam kesatuan pekerja yang sentiasa berkembang

Diese Vereinigung wird durch die verbesserten Kommunikationsmittel unterstützt, die von der modernen Industrie geschaffen werden

Kesatuan ini dibantu oleh cara komunikasi yang lebih baik yang dicipta oleh industri moden

Die moderne Kommunikation bringt die Arbeiter verschiedener Orte miteinander in Kontakt

komunikasi moden meletakkan pekerja dari kawasan yang berbeza berhubung antara satu sama lain

Es war gerade dieser Kontakt, der nötig war, um die zahlreichen lokalen Kämpfe zu einem nationalen Kampf zwischen den Klassen zu zentralisieren

Hanya hubungan inilah yang diperlukan untuk memusatkan banyak perjuangan tempatan ke dalam satu perjuangan nasional antara kelas

Alle diese Kämpfe haben den gleichen Charakter, und jeder Klassenkampf ist ein politischer Kampf

Semua perjuangan ini mempunyai watak yang sama, dan setiap perjuangan kelas adalah perjuangan politik

die Bürger des Mittelalters mit ihren elenden Landstraßen brauchten Jahrhunderte, um ihre Vereinigungen zu bilden

penduduk Zaman Pertengahan, dengan lebuh raya mereka yang menyedihkan, memerlukan berabad-abad untuk membentuk kesatuan mereka

Die modernen Proletarier erreichen dank der Eisenbahn ihre Gewerkschaften innerhalb weniger Jahre

Proletar moden, terima kasih kepada kereta api, mencapai kesatuan mereka dalam masa beberapa tahun

Diese Organisation der Proletarier zu einer Klasse formte sie folglich zu einer politischen Partei

Organisasi proletar ini ke dalam satu kelas akibatnya membentuk mereka menjadi sebuah parti politik

Die politische Klasse wird immer wieder durch die Konkurrenz zwischen den Arbeitern selbst verärgert

kelas politik terus terganggu lagi oleh persaingan antara pekerja itu sendiri

Aber die politische Klasse erhebt sich weiter, stärker, fester, mächtiger

Tetapi kelas politik terus bangkit semula, lebih kuat, lebih tegas, lebih kuat

Er zwingt zur gesetzgeberischen Anerkennung der besonderen Interessen der Arbeitnehmer

Ia memaksa pengiktirafan perundangan terhadap kepentingan tertentu pekerja

sie tut dies, indem sie sich die Spaltungen innerhalb der Bourgeoisie selbst zunutze macht

ia melakukan ini dengan mengambil kesempatan daripada perpecahan di kalangan Borjuasi itu sendiri

Damit wurde das Zehnstundengesetz in England in Kraft gesetzt

Oleh itu, rang undang-undang sepuluh jam di England telah dimasukkan ke dalam undang-undang

in vielerlei Hinsicht ist der Zusammenstoß zwischen den Klassen der alten Gesellschaft ferner der Entwicklungsgang des Proletariats

dalam banyak cara perlanggaran antara kelas-kelas masyarakat lama selanjutnya adalah perjalanan pembangunan Proletariat

Die Bourgeoisie befindet sich in einem ständigen Kampf

Borjuasi mendapati dirinya terlibat dalam pertempuran berterusan

Zuerst wird sie sich in einem ständigen Kampf mit der Aristokratie wiederfinden

Pada mulanya ia akan mendapati dirinya terlibat dalam pertempuran berterusan dengan bangsawan

später wird sie sich in einem ständigen Kampf mit diesen Teilen der Bourgeoisie selbst wiederfinden

kemudian ia akan mendapati dirinya terlibat dalam pertempuran berterusan dengan bahagian-bahagian Borjuasi itu sendiri

und ihre Interessen werden dem Fortschritt der Industrie entgegengesetzt sein

dan kepentingan mereka akan menjadi antagonis kepada kemajuan industri

zu allen Zeiten werden ihre Interessen mit der Bourgeoisie fremder Länder in Konflikt geraten sein

pada setiap masa, kepentingan mereka akan menjadi antagonis dengan Borjuasi negara-negara asing

In allen diesen Kämpfen sieht sie sich genötigt, an das Proletariat zu appellieren, und bittet es um Hilfe

Dalam semua pertempuran ini, ia melihat dirinya terpaksa merayu kepada Proletariat, dan meminta bantuannya

Und so wird sie sich gezwungen sehen, sie in die politische Arena zu zerren

dan dengan itu, ia akan berasa terpaksa menyeretnya ke arena politik

Die Bourgeoisie selbst versorgt also das Proletariat mit ihren eigenen Instrumenten der politischen und allgemeinen Erziehung

Oleh itu, Borjuasi itu sendiri membekalkan Proletariat dengan instrumen pendidikan politik dan amnya sendiri

mit anderen Worten, sie liefert dem Proletariat Waffen für den Kampf gegen die Bourgeoisie

dalam erti kata lain, ia membekalkan Proletariat dengan senjata untuk memerangi Borjuasi

Ferner werden, wie wir schon gesehen haben, ganze Schichten der herrschenden Klassen in das Proletariat hineingestürzt

Selanjutnya, seperti yang telah kita lihat, seluruh bahagian kelas pemerintah diendapkan ke dalam Proletariat

der Fortschritt der Industrie saugt sie in das Proletariat hinein

kemajuan industri menyedut mereka ke dalam Proletariat

oder zumindest sind sie in ihren Existenzbedingungen bedroht

atau, sekurang-kurangnya, mereka terancam dalam keadaan kewujudan mereka

Diese versorgen auch das Proletariat mit frischen Elementen der Aufklärung und des Fortschritts

Ini juga membekalkan Proletariat dengan unsur-unsur pencerahan dan kemajuan yang segar

Endlich, in Zeiten, in denen sich der Klassenkampf der entscheidenden Stunde nähert

Akhirnya, pada masa-masa apabila perjuangan kelas menghampiri waktu yang menentukan

Der Auflösungsprozess innerhalb der herrschenden Klasse

Proses pembubaran yang berlaku dalam kelas pemerintah

In der Tat wird die Auflösung, die sich innerhalb der herrschenden Klasse vollzieht, in der gesamten Bandbreite der Gesellschaft zu spüren sein

Malah, pembubaran yang berlaku dalam kelas pemerintah akan dirasai dalam seluruh rangkaian masyarakat

Sie wird einen so gewalttätigen, krassen Charakter
annehmen, dass ein kleiner Teil der herrschenden Klasse
sich selbst abtreibt

ia akan mengambil watak yang ganas dan mencolok, sehingga
sebahagian kecil kelas pemerintah memotong dirinya hanyut

**Und diese herrschende Klasse wird sich der revolutionären
Klasse anschließen**

dan kelas pemerintah itu akan menyertai kelas revolusioner

**Die revolutionäre Klasse ist die Klasse, die die Zukunft in
ihren Händen hält**

kelas revolusioner menjadi kelas yang memegang masa depan
di tangannya

**Wie in früheren Zeiten ging ein Teil des Adels zur
Bourgeoisie über**

Sama seperti pada tempoh sebelumnya, sebahagian
bangsawan beralih kepada Borjuasi

**ebenso wird ein Teil der Bourgeoisie zum Proletariat
übergehen**

dengan cara yang sama sebahagian daripada Borjuasi akan
diserahkan kepada Proletariat

**insbesondere wird ein Teil der Bourgeoisie zu einem Teil
der Bourgeoisie Ideologen übergehen**

khususnya, sebahagian daripada Borjuasi akan diserahkan
kepada sebahagian daripada ideologi Borjuasi

**Bourgeoisie Ideologen, die sich auf die Ebene erhoben
haben, die historische Bewegung als Ganzes theoretisch zu
begreifen**

Ahli ideologi borjuasi yang telah menaikkan diri mereka ke
tahap memahami secara teori pergerakan sejarah secara
keseluruhan

**Von allen Klassen, die heute der Bourgeoisie
gegenüberstehen, ist das Proletariat allein eine wirklich
revolutionäre Klasse**

Daripada semua kelas yang bersemuka dengan Borjuasi hari
ini, Proletariat sahaja adalah kelas yang benar-benar
revolusioner

Die anderen Klassen zerfallen und verschwinden
schließlich im Angesicht der modernen Industrie
Kelas-kelas lain reput dan akhirnya hilang di hadapan
Industri Moden
das Proletariat ist ihr besonderes und wesentliches Produkt
Proletariat adalah produk istimewa dan penting
Die untere Mittelschicht, der kleine Fabrikant, der
Ladenbesitzer, der Handwerker, der Bauer
Kelas menengah bawah, pengilang kecil, penjaga kedai,
tukang, petani
all diese Kämpfe gegen die Bourgeoisie
semua ini berjuang menentang Borjuasi
Sie kämpfen als Fraktionen der Mittelschicht, um sich vor
dem Aussterben zu retten
mereka berjuang sebagai pecahan kelas menengah untuk
menyelamatkan diri mereka daripada kepupusan
Sie sind also nicht revolutionär, sondern konservativ
Oleh itu, mereka tidak revolusioner, tetapi konservatif
Ja, mehr noch, sie sind reaktionär, denn sie versuchen, das
Rad der Geschichte zurückzudrehen
Lebih-lebih lagi, mereka adalah reaksioner, kerana mereka
cuba memutar balik roda sejarah
Wenn sie zufällig revolutionär sind, so sind sie es nur im
Hinblick auf ihre bevorstehende Überführung in das
Proletariat
Jika secara kebetulan mereka revolusioner, mereka begitu
hanya memandangkan peralihan mereka yang akan datang ke
dalam Proletariat
Sie verteidigen also nicht ihre gegenwärtigen, sondern ihre
zukünftigen Interessen
dengan itu mereka bukan mempertahankan masa kini mereka,
tetapi kepentingan masa depan mereka
sie verlassen ihren eigenen Standpunkt, um sich auf den des
Proletariats zu stellen
mereka meninggalkan pendirian mereka sendiri untuk
meletakkan diri mereka pada pendirian Proletariat

Die »gefährliche Klasse«, der soziale Abschaum, diese
passiv verrottende Masse, die von den untersten Schichten
der alten Gesellschaft abgeworfen wird
"Kelas berbahaya", sampah sosial, jisim reput pasif yang
dibuang oleh lapisan terendah masyarakat lama
sie können hier und da von einer proletarischen Revolution
in die Bewegung hineingerissen werden
mereka mungkin, di sana-sini, dihanyutkan ke dalam gerakan
oleh revolusi proletar
Seine Lebensbedingungen bereiten ihn jedoch viel mehr auf
die Rolle eines bestochenen Werkzeugs reaktionärer
Intrigen vor
keadaan hidupnya, bagaimanapun, menyediakannya lebih
banyak untuk bahagian alat tipu daya reaksioner yang
disogok
In den Verhältnissen des Proletariats sind die Verhältnisse
der alten Gesellschaft im Allgemeinen bereits praktisch
überschwemmt
Dalam keadaan Proletariat, masyarakat lama secara amnya
sudah hampir dibanjiri
Der Proletarier ist ohne Eigentum
Proletar tidak mempunyai harta
sein Verhältnis zu Frau und Kindern hat mit den
Familienverhältnissen der Bourgeoisie nichts mehr gemein
hubungannya dengan isteri dan anak-anaknya tidak lagi
mempunyai apa-apa persamaan dengan hubungan keluarga
Borjuasi
moderne industrielle Arbeit, moderne Unterwerfung unter
das Kapital, dasselbe in England wie in Frankreich, in
Amerika wie in Deutschland
buruh perindustrian moden, ketundukan moden kepada
modal, sama di England seperti di Perancis, di Amerika
seperti di Jerman
Seine Stellung in der Gesellschaft hat ihm jede Spur von
nationalem Charakter genommen

keadaannya dalam masyarakat telah melucutkan setiap kesan watak kebangsaan

Gesetz, Moral, Religion sind für ihn so viele Bourgeoisie Vorurteile

Undang-undang, moral, agama, baginya begitu banyak prasangka Borjuasi

und hinter diesen Vorurteilen lauern ebenso viele Bourgeoisie Interessen

dan di sebalik prasangka ini mengintai dalam serangan hendap sama seperti banyak kepentingan Borjuasi

Alle vorhergehenden Klassen, die die Oberhand gewannen, versuchten, ihren bereits erworbenen Status zu festigen

Semua kelas terdahulu yang mendapat kelebihan, berusaha untuk mengukuhkan status mereka yang telah diperolehi

Sie taten dies, indem sie die Gesellschaft als Ganzes ihren Aneignungsbedingungen unterwarfen

mereka melakukan ini dengan menundukkan masyarakat secara amnya kepada syarat peruntukan mereka

Die Proletarier können nicht Herren der Produktivkräfte der Gesellschaft werden

Proletar tidak boleh menjadi tuan kepada kuasa produktif masyarakat

Sie kann dies nur tun, indem sie ihre eigene bisherige Aneignungsweise abschafft

ia hanya boleh melakukan ini dengan memansuhkan cara peruntukan mereka sendiri sebelum ini

Und damit hebt sie auch jede andere bisherige Aneignungsweise auf

dan dengan itu ia juga memansuhkan setiap cara peruntukan terdahulu yang lain

Sie haben nichts Eigenes zu sichern und zu festigen

Mereka tidak mempunyai apa-apa untuk dijamin dan diperkuat

Ihre Aufgabe ist es, alle bisherigen Sicherheiten und Versicherungen für individuelles Eigentum zu vernichten

Misi mereka adalah untuk memusnahkan semua sekuriti
terdahulu untuk, dan insurans, harta individu

**Alle bisherigen historischen Bewegungen waren
Bewegungen von Minderheiten**

Semua pergerakan sejarah sebelum ini adalah pergerakan
minoriti

**oder es handelte sich um Bewegungen im Interesse von
Minderheiten**

atau mereka adalah pergerakan demi kepentingan minoriti

**Die proletarische Bewegung ist die selbstbewusste,
selbständige Bewegung der ungeheuren Mehrheit**

Gerakan proletar ialah gerakan sedar diri dan bebas majoriti
besar

Und es ist eine Bewegung im Interesse der großen Mehrheit

dan ia adalah pergerakan demi kepentingan majoriti besar

**Das Proletariat, die unterste Schicht unserer heutigen
Gesellschaft**

Proletariat, lapisan terendah dalam masyarakat kita sekarang

**Sie kann sich nicht regen oder erheben, ohne daß die ganze
übergeordnete Schicht der offiziellen Gesellschaft in die
Luft geschleudert wird**

ia tidak boleh menggerakkan atau membangkitkan dirinya
tanpa seluruh lapisan penyandang masyarakat rasmi yang
muncul ke udara

**Der Kampf des Proletariats mit der Bourgeoisie ist, wenn
auch nicht der Substanz nach, doch zunächst ein nationaler
Kampf**

Walaupun tidak dalam substansi, namun dalam bentuk,
perjuangan Proletariat dengan Borjuasi pada mulanya adalah
perjuangan nasional

**Das Proletariat eines jeden Landes muss natürlich vor allem
mit seiner eigenen Bourgeoisie abrechnen**

Proletariat setiap negara mesti, tentu saja, terlebih dahulu
menyelesaikan perkara dengan Borjuasinya sendiri

Indem wir die allgemeinsten Phasen der Entwicklung des Proletariats schilderten, verfolgten wir den mehr oder weniger verhüllten Bürgerkrieg

Dalam menggambarkan fasa yang paling umum dalam perkembangan Proletariat, kami mengesan perang saudara yang lebih kurang terselubung

Diese Zivilgesellschaft wütet in der bestehenden Gesellschaft

sivil ini berkecamuk dalam masyarakat sedia ada

Er wird bis zu dem Punkt wüten, an dem dieser Krieg in eine offene Revolution ausbricht

ia akan berkecamuk sehingga ke tahap di mana perang itu meletus menjadi revolusi terbuka

und dann legt der gewaltsame Sturz der Bourgeoisie die Grundlage für die Herrschaft des Proletariats

dan kemudian penggulingan Borjuasi yang ganas meletakkan asas untuk pengaruh Proletariat

Bisher beruhte jede Gesellschaftsform, wie wir bereits gesehen haben, auf dem Antagonismus unterdrückender und unterdrückter Klassen

Sehingga kini, setiap bentuk masyarakat telah berdasarkan, seperti yang telah kita lihat, pada antagonisme kelas yang menindas dan ditindas

Um aber eine Klasse zu unterdrücken, müssen ihr gewisse Bedingungen zugesichert werden

Tetapi untuk menindas kelas, syarat-syarat tertentu mesti dijamin kepadanya

Die Klasse muss unter Bedingungen gehalten werden, unter denen sie wenigstens ihre sklavische Existenz fortsetzen kann

kelas mesti disimpan di bawah keadaan di mana ia boleh, sekurang-kurangnya, meneruskan kewujudannya yang seperti hamba

Der Leibeigene erhob sich in der Zeit der Leibeigenschaft zum Mitglied der Kommune

Hamba, dalam tempoh perhambaan, menaikkan dirinya
kepada keahlian dalam komune
**so wie es dem Kleinbourgeoisie unter dem Joch des
feudalen Absolutismus gelang, sich zur Bourgeoisie zu
entwickeln**
sama seperti Borjuasi kecil, di bawah kuk absolutisme feudal,
berjaya berkembang menjadi Borjuasi
**Der moderne Arbeiter dagegen sinkt, anstatt sich mit dem
Fortschritt der Industrie zu erheben, immer tiefer**
Buruh moden, sebaliknya, bukannya bangkit dengan
kemajuan industri, tenggelam lebih dalam dan lebih dalam
**Er sinkt unter die Existenzbedingungen seiner eigenen
Klasse**
dia tenggelam di bawah syarat kewujudan kelasnya sendiri
**Er wird ein Bettler, und der Pauperismus entwickelt sich
schneller als Bevölkerung und Reichtum**
Dia menjadi orang miskin, dan kemiskinan berkembang lebih
cepat daripada penduduk dan kekayaan
**Und hier zeigt sich, dass die Bourgeoisie nicht mehr
geeignet ist, die herrschende Klasse in der Gesellschaft zu
sein**
Dan di sini menjadi jelas, bahawa Borjuasi tidak lagi layak
untuk menjadi kelas pemerintah dalam masyarakat
**und sie ist ungeeignet, der Gesellschaft ihre
Existenzbedingungen als übergeordnetes Gesetz
aufzuzwingen**
dan adalah tidak sesuai untuk mengenakan syarat-syarat
kewujudannya ke atas masyarakat sebagai undang-undang
yang mengatasi
**Sie ist unfähig zu herrschen, weil sie unfähig ist, ihrem
Sklaven in seiner Sklaverei eine Existenz zu sichern**
Ia tidak layak untuk memerintah kerana ia tidak cekap untuk
menjamin kewujudan kepada hambanya dalam
perhambaannya

denn sie kann nicht anders, als ihn in einen solchen Zustand sinken zu lassen, daß sie ihn ernähren muss, statt von ihm gefüttert zu werden

kerana ia tidak dapat membantu membiarkannya tenggelam ke dalam keadaan sedemikian, sehingga ia perlu memberinya makan, bukannya diberi makan olehnya

Die Gesellschaft kann nicht länger unter dieser Bourgeoisie leben

Masyarakat tidak lagi boleh hidup di bawah Borjuasi ini

Mit anderen Worten, ihre Existenz ist nicht mehr mit der Gesellschaft vereinbar

Dalam erti kata lain, kewujudannya tidak lagi serasi dengan masyarakat

Die wesentliche Bedingung für die Existenz und die Herrschaft der Bourgeoisie Klasse ist die Bildung und Vermehrung des Kapitals

Syarat penting untuk kewujudan, dan untuk pengaruh kelas Borjuasi, ialah pembentukan dan penambahan modal

Die Bedingung für das Kapital ist Lohnarbeit

Syarat untuk modal ialah buruh upah

Die Lohnarbeit beruht ausschließlich auf der Konkurrenz zwischen den Arbeitern

Buruh upah terletak secara eksklusif pada persaingan antara buruh

Der Fortschritt der Industrie, deren unfreiwilliger Förderer die Bourgeoisie ist, tritt an die Stelle der Isolierung der Arbeiter

Kemajuan industri, yang penganjur sukarelanya ialah Borjuasi, menggantikan pengasingan buruh

durch die Konkurrenz, durch ihre revolutionäre Kombination, durch die Assoziation

kerana persaingan, kerana gabungan revolusioner mereka, kerana persatuan

Die Entwicklung der modernen Industrie schneidet ihr die Grundlage unter den Füßen weg, auf der die Bourgeoisie Produkte produziert und sich aneignet

Perkembangan Industri Moden memotong dari bawah
kakinya asas di mana Borjuasi menghasilkan dan
memperuntukkan produk

Was die Bourgeoisie vor allem produziert, sind ihre eigenen Totengräber

Apa yang dihasilkan oleh Borjuasi, di atas segalanya, ialah
penggali kuburnya sendiri

Der Sturz der Bourgeoisie und der Sieg des Proletariats sind gleichermaßen unvermeidlich

Kejatuhan Borjuasi dan kemenangan Proletariat adalah sama
tidak dapat dielakkan

Proletarier und Kommunisten
Proletar dan Komunis

In welchem Verhältnis stehen die Kommunisten zu den Proletariern insgesamt?

Dalam hubungan apakah Komunis berdiri dengan proletar secara keseluruhan?

Die Kommunisten bilden keine eigene Partei, die anderen Arbeiterparteien entgegengesetzt ist

Komunis tidak membentuk parti berasingan yang menentang parti kelas pekerja yang lain

Sie haben keine Interessen, die von denen des Proletariats als Ganzes getrennt und getrennt sind

Mereka tidak mempunyai kepentingan yang berasingan dan terpisah daripada kepentingan proletariat secara keseluruhan

Sie stellen keine eigenen sektiererischen Prinzipien auf, nach denen sie die proletarische Bewegung formen und formen könnten

Mereka tidak menubuhkan apa-apa prinsip mazhab mereka sendiri, yang dengannya untuk membentuk dan membentuk gerakan proletar

Die Kommunisten unterscheiden sich von den anderen Arbeiterparteien nur durch zwei Dinge

Komunis dibezakan daripada parti kelas pekerja yang lain hanya dengan dua perkara

Erstens: Sie weisen auf die gemeinsamen Interessen des gesamten Proletariats hin und bringen sie in den Vordergrund, unabhängig von jeder Nationalität

Pertama, mereka menunjukkan dan membawa ke hadapan kepentingan bersama seluruh proletariat, secara bebas daripada semua kewarganegaraan

Das tun sie in den nationalen Kämpfen der Proletarier der verschiedenen Länder

ini mereka lakukan dalam perjuangan nasional proletar dari negara-negara yang berbeza

Zweitens vertreten sie immer und überall die Interessen der gesamten Bewegung

Kedua, mereka sentiasa dan di mana-mana mewakili kepentingan pergerakan secara keseluruhan

das tun sie in den verschiedenen Entwicklungsstadien, die der Kampf der Arbeiterklasse gegen die Bourgeoisie zu durchlaufen hat

ini mereka lakukan dalam pelbagai peringkat pembangunan, yang perlu dilalui oleh perjuangan kelas pekerja menentang Borjuasi

Die Kommunisten sind also auf der einen Seite praktisch der fortschrittlichste und entschiedenste Teil der Arbeiterparteien eines jeden Landes

Oleh itu, Komunis adalah di satu pihak, secara praktikal, bahagian yang paling maju dan tegas dalam parti-parti kelas pekerja di setiap negara

Sie sind der Teil der Arbeiterklasse, der alle anderen vorantreibt

mereka adalah bahagian kelas pekerja yang mendorong semua yang lain

Theoretisch haben sie auch den Vorteil, dass sie die Marschlinie klar verstehen

Secara teorinya, mereka juga mempunyai kelebihan untuk memahami dengan jelas garis perarakan

Das verstehen sie besser im Vergleich zu der großen Masse des Proletariats

Ini mereka lebih faham berbanding jisim besar proletariat

Sie verstehen die Bedingungen und die letzten allgemeinen Ergebnisse der proletarischen Bewegung

mereka memahami keadaan, dan hasil umum muktamad gerakan proletar

Das unmittelbare Ziel des Kommunisten ist dasselbe wie das aller anderen proletarischen Parteien

Matlamat segera Komunis adalah sama dengan semua parti proletar yang lain

Ihr Ziel ist die Formierung des Proletariats zu einer Klasse

matlamat mereka ialah pembentukan proletariat ke dalam kelas

sie zielen darauf ab, die Vorherrschaft der Bourgeoisie zu stürzen

mereka berhasrat untuk menggulingkan ketuanan Borjuasi

das Streben nach politischer Machteroberung durch das Proletariat

usaha untuk penaklukan kuasa politik oleh proletariat

Die theoretischen Schlußfolgerungen der Kommunisten beruhen in keiner Weise auf Ideen oder Prinzipien der Reformer

Kesimpulan teori Komunis sama sekali tidak berdasarkan idea atau prinsip reformis

es waren keine Möchtegern-Universalreformer, die die theoretischen Schlussfolgerungen der Kommunisten erfunden oder entdeckt haben

bukan bakal pembaharu sejagat yang mencipta atau menemui kesimpulan teori Komunis

Sie drücken lediglich in allgemeinen Begriffen tatsächliche Verhältnisse aus, die aus einem bestehenden Klassenkampf hervorgehen

Mereka hanya menyatakan, secara umum, hubungan sebenar yang timbul daripada perjuangan kelas yang sedia ada

Und sie beschreiben die historische Bewegung, die sich unter unseren Augen abspielt und die diesen Klassenkampf hervorgebracht hat

dan mereka menggambarkan pergerakan sejarah yang berlaku di bawah mata kita yang telah mewujudkan perjuangan kelas ini

Die Abschaffung bestehender Eigentumsverhältnisse ist keineswegs ein charakteristisches Merkmal des Kommunismus

Pemansuhan hubungan harta sedia ada sama sekali bukan ciri khas Komunisme

Alle Eigentumsverhältnisse in der Vergangenheit waren einem ständigen historischen Wandel unterworfen

Semua hubungan harta pada masa lalu terus tertakluk kepada perubahan sejarah

Und diese Veränderungen waren eine Folge der Veränderung der historischen Bedingungen

dan perubahan ini adalah akibat daripada perubahan dalam keadaan sejarah

Die Französische Revolution zum Beispiel schaffte das Feudaleigentum zugunsten des Bourgeoisie Eigentums ab

Revolusi Perancis, sebagai contoh, memansuhkan harta feudal dan memihak kepada harta Borjuasi

Das Unterscheidungsmerkmal des Kommunismus ist nicht die Abschaffung des Eigentums im Allgemeinen

Ciri yang membezakan Komunisme bukanlah pemansuhan harta, secara amnya

aber das Unterscheidungsmerkmal des Kommunismus ist die Abschaffung des Bourgeoisie Eigentums

tetapi ciri yang membezakan Komunisme ialah pemansuhan harta Borjuasi

Aber das Privateigentum der modernen Bourgeoisie ist der letzte und vollständigste Ausdruck des Systems der Produktion und Aneignung von Produkten

Tetapi harta persendirian Borjuasi moden adalah ungkapan terakhir dan paling lengkap dari sistem menghasilkan dan memperuntukkan produk

Es ist der Endzustand eines Systems, das auf Klassengegensätzen beruht, wobei der Klassenantagonismus die Ausbeutung der Vielen durch die Wenigen ist

Ia adalah keadaan akhir sistem yang berdasarkan antagonisme kelas, di mana antagonisme kelas adalah eksploitasi ramai oleh segelintir orang

In diesem Sinne läßt sich die Theorie der Kommunisten in einem einzigen Satz zusammenfassen; die Abschaffung des Privateigentums

Dalam pengertian ini, teori Komunis boleh disimpulkan dalam satu ayat; pemansuhan harta persendirian

Uns Kommunisten hat man vorgeworfen, das Recht auf persönlichen Eigentumserwerb abschaffen zu wollen

Kami Komunis telah dicela dengan keinginan untuk memansuhkan hak memperoleh harta secara peribadi

Es wird behauptet, dass diese Eigenschaft die Frucht der eigenen Arbeit eines Menschen ist

Didakwa bahawa harta ini adalah hasil kerja manusia sendiri

Und diese Eigenschaft soll die Grundlage aller persönlichen Freiheit, Aktivität und Unabhängigkeit sein.

dan harta ini didakwa menjadi asas kepada semua kebebasan peribadi, aktiviti dan kemerdekaan.

"Hart erkämpftes, selbst erworbenes, selbst verdientes Eigentum!"

"Harta yang dimenangi dengan susah payah, diperoleh sendiri, diperoleh sendiri!"

Meinst du das Eigentum des kleinen Handwerkers und des Kleinbauern?

Adakah anda maksudkan harta tukang kecil dan petani kecil?

Meinen Sie eine Form des Eigentums, die der Bourgeoisie Form vorausging?

Adakah anda maksudkan satu bentuk harta yang mendahului bentuk Borjuasi?

Es ist nicht nötig, sie abzuschaffen, die Entwicklung der Industrie hat sie zum großen Teil bereits zerstört

Tidak perlu memansuhkannya, pembangunan industri sebahagian besarnya telah memusnahkannya

Und die Entwicklung der Industrie zerstört sie immer noch täglich

dan pembangunan industri masih memusnahkannya setiap hari

Oder meinen Sie das moderne Bourgeoisie Privateigentum?

Atau adakah anda maksudkan harta persendirian Borjuasi moden?

Aber schafft die Lohnarbeit irgendein Eigentum für den Arbeiter?

Tetapi adakah buruh upah mencipta apa-apa harta untuk buruh?

Nein, die Lohnarbeit schafft nicht ein bisschen von dieser Art von Eigentum!

Tidak, buruh upah tidak mencipta sedikit pun daripada harta seperti ini!

Was Lohnarbeit schafft, ist Kapital; jene Art von Eigentum, das Lohnarbeit ausbeutet

apa yang dicipta oleh buruh upah ialah modal; jenis harta yang mengeksploitasi buruh upah

Das Kapital kann sich nur unter der Bedingung vermehren, daß es ein neues Angebot an Lohnarbeit für neue Ausbeutung erzeugt

modal tidak boleh meningkat kecuali dengan syarat melahirkan bekalan buruh upah baru untuk eksploitasi baru

Das Eigentum in seiner jetzigen Form beruht auf dem Antagonismus von Kapital und Lohnarbeit

Harta, dalam bentuknya sekarang, adalah berdasarkan antagonisme modal dan buruh upah

Betrachten wir beide Seiten dieses Antagonismus

Mari kita periksa kedua-dua belah antagonisme ini

Kapitalist zu sein bedeutet nicht nur, einen rein persönlichen Status zu haben

Menjadi seorang kapitalis bukan sahaja mempunyai status peribadi semata-mata

Stattdessen bedeutet Kapitalist zu sein auch, einen sozialen Status in der Produktion zu haben

sebaliknya, menjadi kapitalis juga mempunyai status sosial dalam pengeluaran

weil Kapital ein kollektives Produkt ist; Nur durch das gemeinsame Handeln vieler Mitglieder kann sie in Gang gesetzt werden

kerana modal adalah produk kolektif; Hanya dengan tindakan bersatu ramai ahli boleh digerakkan

Aber dieses gemeinsame Handeln ist der letzte Ausweg und erfordert eigentlich alle Mitglieder der Gesellschaft

Tetapi tindakan bersatu ini adalah pilihan terakhir, dan sebenarnya memerlukan semua ahli masyarakat

Das Kapital verwandelt sich in das Eigentum aller Mitglieder der Gesellschaft

Modal memang ditukar kepada harta semua ahli masyarakat

aber das Kapital ist also keine persönliche Macht; Es ist eine gesellschaftliche Macht

tetapi Modal, oleh itu, bukan kuasa peribadi; ia adalah kuasa sosial

Wenn also Kapital in gesellschaftliches Eigentum umgewandelt wird, so verwandelt sich dadurch nicht persönliches Eigentum in gesellschaftliches Eigentum

Jadi apabila modal ditukar kepada harta sosial, harta peribadi tidak diubah menjadi harta sosial

Nur der gesellschaftliche Charakter des Eigentums wird verändert und verliert seinen Klassencharakter

Ia hanya watak sosial harta yang berubah, dan kehilangan watak kelasnya

Betrachten wir nun die Lohnarbeit

Sekarang mari kita lihat buruh upah

Der Durchschnittspreis der Lohnarbeit ist der Mindestlohn, d.h. das Quantum der Lebensmittel

Harga purata buruh upah ialah gaji minimum, iaitu, kuantum sara hidup

Dieser Lohn ist für die bloße Existenz als Arbeiter absolut notwendig

Gaji ini benar-benar diperlukan dalam kewujudan kosong sebagai buruh

Was sich also der Lohnarbeiter durch seine Arbeit aneignet, genügt nur, um ein bloßes Dasein zu verlängern und zu reproduzieren

Oleh itu, apa yang diperuntukkan oleh buruh upah melalui kerjanya, hanya mencukupi untuk memanjangkan dan menghasilkan semula kewujudan kosong

Wir beabsichtigen keineswegs, diese persönliche Aneignung der Arbeitsprodukte abzuschaffen

Kami sama sekali tidak berhasrat untuk memansuhkan perampasan peribadi produk buruh ini

eine Aneignung, die für die Erhaltung und Reproduktion des menschlichen Lebens bestimmt ist

peruntukan yang dibuat untuk penyelenggaraan dan pembiakan kehidupan manusia

Eine solche persönliche Aneignung der Arbeitsprodukte lässt keinen Überschuss übrig, mit dem man die Arbeit anderer befehlen könnte

perampasan peribadi produk buruh sedemikian tidak meninggalkan lebihan untuk memerintahkan buruh orang lain

Alles, was wir beseitigen wollen, ist der erbärmliche Charakter dieser Aneignung

Apa yang kita mahu hapuskan, ialah watak menyedihkan peruntukan ini

die Aneignung, unter der der Arbeiter lebt, bloß um das Kapital zu vermehren

peruntukan di mana buruh hidup semata-mata untuk meningkatkan modal

Er darf nur leben, soweit es das Interesse der herrschenden Klasse erfordert

dia dibenarkan hidup hanya setakat kepentingan kelas pemerintah memerlukannya

In der Bourgeoisie Gesellschaft ist die lebendige Arbeit nur ein Mittel, um die akkumulierte Arbeit zu vermehren

Dalam masyarakat Borjuasi, buruh hidup hanyalah satu cara untuk meningkatkan buruh terkumpul

In der kommunistischen Gesellschaft ist die akkumulierte Arbeit nur ein Mittel, um die Existenz des Arbeiters zu erweitern, zu bereichern und zu fördern

Dalam masyarakat Komunis, buruh terkumpul hanyalah satu cara untuk meluaskan, memperkaya, mempromosikan kewujudan buruh

In der Bourgeoisie Gesellschaft dominiert daher die Vergangenheit die Gegenwart

Oleh itu, dalam masyarakat Borjuasi, masa lalu mendominasi masa kini

In der kommunistischen Gesellschaft dominiert die Gegenwart die Vergangenheit
dalam masyarakat Komunis masa kini mendominasi masa lalu

In der Bourgeoisie Gesellschaft ist das Kapital unabhängig und hat Individualität
Dalam masyarakat borjuasi, modal adalah bebas dan mempunyai keperibadian

In der Bourgeoisie Gesellschaft ist der lebende Mensch abhängig und hat keine Individualität
Dalam masyarakat Borjuasi, orang yang hidup bergantung dan tidak mempunyai keperibadian

Und die Abschaffung dieses Zustandes wird von der Bourgeoisie als Abschaffung der Individualität und Freiheit bezeichnet!
Dan pemansuhan keadaan ini dipanggil oleh Borjuasi, pemansuhan keperibadian dan kebebasan!

Und man nennt sie mit Recht die Abschaffung von Individualität und Freiheit!
Dan ia betul-betul dipanggil pemansuhan keperibadian dan kebebasan!

Der Kommunismus strebt die Abschaffung der Bourgeoisie Individualität an
Komunisme bertujuan untuk menghapuskan keperibadian Borjuasi

Der Kommunismus strebt die Abschaffung der Unabhängigkeit der Bourgeoisie an
Komunisme berhasrat untuk pemansuhan kemerdekaan Borjuasi

Die BourgeoisieFreiheit ist zweifellos das, was der Kommunismus anstrebt
Kebebasan borjuasi sudah pasti apa yang disasarkan oleh komunisme

unter den gegenwärtigen Bourgeoisie Produktionsbedingungen bedeutet Freiheit freien Handel, freien Verkauf und freien Kauf

di bawah syarat-syarat pengeluaran Borjuasi sekarang,
kebebasan bermaksud perdagangan bebas, penjualan dan
pembelian bebas

**Aber wenn das Verkaufen und Kaufen verschwindet,
verschwindet auch das freie Verkaufen und Kaufen**

Tetapi jika jual dan beli hilang, jual dan beli percuma juga
hilang

**"Mutige Worte" der Bourgeoisie über den freien Verkauf
und Kauf haben nur eine begrenzte Bedeutung**

"kata-kata berani" oleh Borjuasi tentang penjualan dan
pembelian percuma hanya mempunyai makna dalam erti kata
yang terhad

**Diese Worte haben nur im Gegensatz zu eingeschränktem
Verkauf und Kauf eine Bedeutung**

Perkataan-perkataan ini hanya mempunyai makna berbeza
dengan penjualan dan pembelian terhad

**und diese Worte haben nur dann eine Bedeutung, wenn sie
auf die gefesselten Händler des Mittelalters angewandt
werden**

dan kata-kata ini hanya mempunyai makna apabila ia
digunakan kepada pedagang yang terbelenggu pada Zaman
Pertengahan

**und das setzt voraus, dass diese Worte überhaupt eine
Bedeutung im Bourgeoisie Sinne haben**

dan itu menganggap kata-kata ini mempunyai makna dalam
erti kata Borjuasi

**aber diese Worte haben keine Bedeutung, wenn sie
gebraucht werden, um sich gegen die kommunistische
Abschaffung des Kaufens und Verkaufens zu wehren**

tetapi kata-kata ini tidak mempunyai makna apabila ia
digunakan untuk menentang pemansuhan Komunis untuk
membeli dan menjual

**die Worte haben keine Bedeutung, wenn sie gebraucht
werden, um sich gegen die Abschaffung der Bourgeoisie
Produktionsbedingungen zu wehren**

perkataan itu tidak mempunyai makna apabila ia digunakan
untuk menentang syarat pengeluaran Borjuasi yang
dimansuhkan

**und sie haben keine Bedeutung, wenn sie benutzt werden,
um sich gegen die Abschaffung der Bourgeoisie selbst zu
wehren**

dan mereka tidak mempunyai makna apabila mereka
digunakan untuk menentang Borjuasi itu sendiri
dimansuhkan

**Sie sind entsetzt über unsere Absicht, das Privateigentum
abzuschaffen**

Anda ngeri dengan niat kami untuk menghapuskan harta
persendirian

**Aber in eurer jetzigen Gesellschaft ist das Privateigentum
für neun Zehntel der Bevölkerung bereits abgeschafft**

Tetapi dalam masyarakat sedia ada anda, harta persendirian
telah dihapuskan untuk sembilan persepuluh daripada
penduduk

**Die Existenz des Privateigentums für einige wenige beruht
einzig und allein darauf, dass es in den Händen von neun
Zehnteln der Bevölkerung nicht existiert**

Kewujudan harta persendirian untuk segelintir orang adalah
semata-mata kerana ketiadaannya di tangan sembilan
persepuluh daripada penduduk

**Sie werfen uns also vor, daß wir eine Form des Eigentums
abschaffen wollen**

Oleh itu, anda mencela kami dengan niat untuk
menghapuskan satu bentuk harta

**Aber das Privateigentum erfordert für die ungeheure
Mehrheit der Gesellschaft die Nichtexistenz jeglichen
Eigentums**

tetapi harta persendirian memerlukan ketiadaan apa-apa
harta untuk majoriti besar masyarakat

**Mit einem Wort, Sie werfen uns vor, daß wir Ihr Eigentum
beseitigen wollen**

Dalam satu perkataan, anda mencela kami dengan niat untuk menghapuskan harta benda anda

Und genau so ist es; Ihr Eigentum abzuschaffen, ist genau das, was wir beabsichtigen

Dan memang begitu; menghapuskan Harta anda adalah apa yang kami mahukan

Von dem Augenblick an, wo die Arbeit nicht mehr in Kapital, Geld oder Rente verwandelt werden kann

Dari saat buruh tidak lagi boleh ditukar kepada modal, wang, atau sewa

wenn die Arbeit nicht mehr in eine gesellschaftliche Macht umgewandelt werden kann, die monopolisiert werden kann

apabila buruh tidak lagi boleh ditukar kepada kuasa sosial yang mampu dimonopoli

von dem Augenblick an, wo das individuelle Eigentum nicht mehr in Bourgeoisie Eigentum verwandelt werden kann

dari saat apabila harta individu tidak lagi boleh diubah menjadi harta Borjuasi

von dem Augenblick an, wo das individuelle Eigentum nicht mehr in Kapital verwandelt werden kann

dari saat harta individu tidak lagi boleh diubah menjadi modal

Von diesem Moment an sagst du, dass die Individualität verschwindet

dari saat itu, anda mengatakan keperibadian lenyap

Sie müssen also gestehen, daß Sie mit »Individuum« keine andere Person meinen als die Bourgeoisie

Oleh itu, anda mesti mengaku bahawa dengan "individu" anda tidak bermaksud orang lain selain Borjuasi

Sie müssen zugeben, dass es sich speziell auf den Bourgeoisie Eigentümer von Immobilien bezieht

anda mesti mengaku ia secara khusus merujuk kepada pemilik harta kelas pertengahan

Diese Person muss in der Tat aus dem Weg geräumt und unmöglich gemacht werden

Orang ini, sememangnya, mesti disapu keluar dari jalan, dan dibuat mustahil

Der Kommunismus beraubt niemanden der Macht, sich die Produkte der Gesellschaft anzueignen

Komunisme tidak melucutkan kuasa manusia untuk mengambil produk masyarakat

Alles, was der Kommunismus tut, ist, ihm die Macht zu nehmen, die Arbeit anderer durch eine solche Aneignung zu unterjochen

apa yang dilakukan oleh Komunisme adalah untuk melucutkan kuasanya untuk menundukkan kerja orang lain melalui peruntukan sedemikian

Man hat eingewendet, daß mit der Abschaffung des Privateigentums alle Arbeit aufhören werde

Telah dibantah bahawa apabila pemansuhan harta persendirian semua kerja akan dihentikan

Und dann wird suggeriert, dass uns die universelle Faulheit überwältigen wird

dan kemudian dicadangkan bahawa kemalasan sejagat akan mengatasi kita

Demnach hätte die BourgeoisieGesellschaft schon längst vor lauter Müßiggang vor die Hunde gehen müssen

Menurut ini, masyarakat Borjuasi sepatutnya lama dahulu pergi kepada anjing melalui kemalasan semata-mata

denn diejenigen ihrer Mitglieder, die arbeiten, erwerben nichts

kerana ahli-ahlinya yang bekerja, tidak memperoleh apa-apa

und diejenigen von ihren Mitgliedern, die etwas erwerben, arbeiten nicht

dan ahli-ahlinya yang memperoleh apa-apa, tidak bekerja

Der ganze Einwand ist nur ein weiterer Ausdruck der Tautologie

Keseluruhan bantahan ini hanyalah satu lagi ungkapan tautologi

Es kann keine Lohnarbeit mehr geben, wenn es kein Kapital mehr gibt

tidak boleh ada lagi buruh upah apabila tiada lagi modal

Es gibt keinen Unterschied zwischen materiellen und mentalen Produkten

Tiada perbezaan antara produk material dan produk mental

Der Kommunismus schlägt vor, dass beides auf die gleiche Weise produziert wird

Komunisme mencadangkan kedua-duanya dihasilkan dengan cara yang sama

aber die Einwände gegen die kommunistischen Produktionsweisen sind dieselben

tetapi bantahan terhadap cara Komunis untuk menghasilkannya adalah sama

Für die Bourgeoisie ist das Verschwinden des Klasseneigentums das Verschwinden der Produktion selbst

bagi Borjuasi, kehilangan harta kelas adalah kehilangan pengeluaran itu sendiri

So ist für ihn das Verschwinden der Klassenkultur identisch mit dem Verschwinden aller Kultur

jadi kehilangan budaya kelas baginya adalah sama dengan kehilangan semua budaya

Diese Kultur, deren Verlust er beklagt, ist für die überwiegende Mehrheit ein bloßes Training, um als Maschine zu agieren

Budaya itu, kehilangan yang dia keluhkan, bagi sebahagian besar adalah latihan semata-mata untuk bertindak sebagai mesin

Die Kommunisten haben die Absicht, die Kultur des Bourgeoisie Eigentums abzuschaffen

Komunis sangat berhasrat untuk menghapuskan budaya harta borjuasi

Aber zankt euch nicht mit uns, solange ihr den Maßstab eurer Bourgeoisie Vorstellungen von Freiheit, Kultur, Recht usw. anlegt

Tetapi jangan bertengkar dengan kami selagi anda menggunakan standard tanggapan Borjuasi anda tentang kebebasan, budaya, undang-undang, dll

Eure Ideen selbst sind nur die Auswüchse der Bedingungen eurer Bourgeoisie Produktion und eures Bourgeoisie Eigentums

Idea anda hanyalah hasil daripada keadaan pengeluaran Borjuasi dan harta Borjuasi anda

so wie eure Jurisprudenz nichts anderes ist als der Wille eurer Klasse, der zum Gesetz für alle gemacht wurde

sama seperti perundangan anda hanyalah kehendak kelas anda yang dijadikan undang-undang untuk semua

Der wesentliche Charakter und die Richtung dieses Willens werden durch die ökonomischen Bedingungen bestimmt, die Ihre soziale Klasse schafft

Watak dan hala tuju penting ini ditentukan oleh keadaan ekonomi yang dicipta oleh kelas sosial anda

Der selbstsüchtige Irrtum, der dich veranlaßt, soziale Formen in ewige Gesetze der Natur und der Vernunft zu verwandeln

Salah tanggapan mementingkan diri sendiri yang mendorong anda untuk mengubah bentuk sosial menjadi undang-undang alam dan akal yang kekal

die gesellschaftlichen Formen, die aus eurer gegenwärtigen Produktionsweise und Eigentumsform entspringen

bentuk sosial yang timbul daripada cara pengeluaran dan bentuk harta anda sekarang

historische Beziehungen, die im Fortschritt der Produktion auf- und verschwinden

hubungan sejarah yang meningkat dan hilang dalam kemajuan pengeluaran

Dieses Missverständnis teilt ihr mit jeder herrschenden Klasse, die euch vorausgegangen ist

salah tanggapan ini anda berkongsi dengan setiap kelas pemerintah yang telah mendahului anda

Was Sie bei antikem Eigentum klar sehen, was Sie bei feudalem Eigentum zugeben

Apa yang anda lihat dengan jelas dalam kes harta purba, apa yang anda akui dalam kes harta feudal

diese Dinge dürfen Sie natürlich nicht zugeben, wenn es
sich um Ihre eigene BourgeoisieEigentumsform handelt
perkara-perkara ini sudah tentu anda dilarang untuk
mengakui dalam kes bentuk harta Borjuasi anda sendiri
Abschaffung der Familie! Selbst die Radikalsten entrüsten
sich über diesen infamen Vorschlag der Kommunisten
Pemansuhan keluarga! Malah yang paling radikal menyala
pada cadangan Komunis yang terkenal ini
Auf welcher Grundlage beruht die heutige Familie, die
BourgeoisieFamilie?
Atas asas apakah keluarga sekarang, keluarga Borjuasi,
berasaskan?
Die Gründung der heutigen Familie beruht auf Kapital und
privatem Gewinn
Asas keluarga sekarang adalah berdasarkan modal dan
keuntungan persendirian
In ihrer voll entwickelten Form existiert diese Familie nur
unter der Bourgeoisie
Dalam bentuknya yang dibangunkan sepenuhnya, keluarga
ini hanya wujud di kalangan Borjuasi
Dieser Zustand der Dinge findet seine Ergänzung in der
praktischen Abwesenheit der Familie bei den Proletariern
keadaan ini menemui pelengkapnya dalam ketiadaan
praktikal keluarga di kalangan proletar
Dieser Zustand ist in der öffentlichen Prostitution zu finden
keadaan ini boleh didapati dalam pelacuran awam
Die BourgeoisieFamilie wird wie selbstverständlich
verschwinden, wenn ihr Komplement verschwindet
Keluarga Borjuasi akan lenyap sebagai perkara biasa apabila
pelengkapnya lenyap
Und beides wird mit dem Verschwinden des Kapitals
verschwinden
dan kedua-dua kehendak ini akan lenyap dengan lenyapnya
modal
Werfen Sie uns vor, dass wir die Ausbeutung von Kindern
durch ihre Eltern stoppen wollen?

Adakah anda menuduh kami mahu menghentikan eksploitasi kanak-kanak oleh ibu bapa mereka?

Diesem Verbrechen bekennen wir uns schuldig

Untuk jenayah ini kami mengaku bersalah

Aber, werden Sie sagen, wir zerstören die heiligsten Beziehungen, wenn wir die häusliche Erziehung durch die soziale Erziehung ersetzen

Tetapi, anda akan berkata, kita memusnahkan hubungan yang paling suci, apabila kita menggantikan pendidikan di rumah dengan pendidikan sosial

Ist Ihre Erziehung nicht auch sozial? Und wird sie nicht von den gesellschaftlichen Bedingungen bestimmt, unter denen man erzieht?

Adakah pendidikan anda juga tidak sosial? Dan bukankah ia ditentukan oleh keadaan sosial di mana anda mendidik?

durch direkte oder indirekte Eingriffe in die Gesellschaft, durch Schulen usw.

melalui campur tangan, langsung atau tidak langsung, masyarakat, melalui sekolah, dsb.

Die Kommunisten haben die Einmischung der Gesellschaft in die Erziehung nicht erfunden

Komunis tidak mencipta campur tangan masyarakat dalam pendidikan

Sie versuchen lediglich, den Charakter dieses Eingriffs zu ändern

mereka hanya berusaha untuk mengubah watak campur tangan itu

Und sie versuchen, das Bildungswesen vor dem Einfluss der herrschenden Klasse zu retten

dan mereka berusaha untuk menyelamatkan pendidikan daripada pengaruh kelas pemerintah

Die Bourgeoisie spricht von der geheiligten Beziehung von Eltern und Kind

Perbincangan Borjuasi tentang hubungan bersama yang suci antara ibu bapa dan anak

aber dieses Geschwätz über die Familie und die Erziehung
wird um so widerwärtiger, wenn wir die moderne Industrie
betrachten
tetapi perangkap tepukan tentang keluarga dan pendidikan
ini menjadi lebih menjijikkan apabila kita melihat Industri
Moden
Alle Familienbande unter den Proletariern werden durch die
moderne Industrie zerrissen
Semua hubungan keluarga di kalangan proletar terkoyak oleh
industri moden
ihre Kinder werden zu einfachen Handelsartikeln und
Arbeitsinstrumenten
anak-anak mereka diubah menjadi barang perdagangan dan
instrumen buruh yang ringkas
Aber ihr Kommunisten würdet eine Gemeinschaft von
Frauen schaffen, schreit die ganze Bourgeoisie im Chor
Tetapi anda Komunis akan mewujudkan komuniti wanita,
menjerit seluruh Borjuasi dalam korus
Die Bourgeoisie sieht in seiner Frau ein bloßes
Produktionsinstrument
Borjuasi melihat dalam isterinya sebagai alat pengeluaran
semata-mata
Er hört, dass die Produktionsmittel von allen ausgebeutet
werden sollen
Dia mendengar bahawa instrumen pengeluaran akan
dieksploitasi oleh semua
Und natürlich kann er zu keinem anderen Schluß kommen,
als daß das Los, allen gemeinsam zu sein, auch den Frauen
zufallen wird
dan, secara semula jadi, dia tidak boleh membuat kesimpulan
lain selain bahawa nasib yang biasa kepada semua juga akan
jatuh kepada wanita
Er hat nicht einmal den geringsten Verdacht, dass es in
Wirklichkeit darum geht, die Stellung der Frau als bloße
Produktionsinstrumente abzuschaffen

Dia tidak mempunyai syak wasangka bahawa perkara sebenar adalah untuk menghapuskan status wanita sebagai alat pengeluaran semata-mata

Im übrigen ist nichts lächerlicher als die tugendhafte Empörung unserer Bourgeoisie über die Gemeinschaft der Frauen

Selebihnya, tidak ada yang lebih tidak masuk akal daripada kemarahan borjuasi kita terhadap komuniti wanita

sie tun so, als ob sie von den Kommunisten offen und offiziell eingeführt werden sollte

mereka berpura-pura ia ditubuhkan secara terbuka dan rasmi oleh Komunis

Die Kommunisten haben es nicht nötig, die Gemeinschaft der Frauen einzuführen, sie existiert fast seit undenklichen Zeiten

Komunis tidak perlu memperkenalkan komuniti wanita, ia telah wujud hampir sejak dahulu lagi

Unsere Bourgeoisie begnügt sich nicht damit, die Frauen und Töchter ihrer Proletarier zur Verfügung zu haben

Borjuasi kita tidak berpuas hati dengan mempunyai isteri dan anak perempuan proletar mereka di pelupusan mereka

Sie haben das größte Vergnügen daran, ihre Frauen gegenseitig zu verführen

mereka sangat senang menggoda isteri masing-masing

Und das ist noch nicht einmal von gewöhnlichen Prostituierten zu sprechen

dan itu tidak bercakap tentang pelacur biasa

Die BourgeoisieEhe ist in Wirklichkeit ein System gemeinsamer Ehefrauen

Perkahwinan borjuasi pada hakikatnya adalah sistem isteri yang sama

dann gibt es eine Sache, die man den Kommunisten vielleicht vorwerfen könnte

maka ada satu perkara yang mungkin dicela oleh Komunis

Sie wollen eine offen legalisierte Gemeinschaft von Frauen einführen

mereka berhasrat untuk memperkenalkan komuniti wanita
yang disahkan secara terbuka
statt einer heuchlerisch verhüllten Gemeinschaft von Frauen
bukannya komuniti wanita yang tersembunyi secara munafik
Die Gemeinschaft der Frauen, die aus dem
Produktionssystem hervorgegangen ist
komuniti wanita yang muncul daripada sistem pengeluaran
Schafft das Produktionssystem ab, und ihr schafft die
Gemeinschaft der Frauen ab
menghapuskan sistem pengeluaran, dan anda menghapuskan
komuniti wanita
Sowohl die öffentliche Prostitution als auch die private
Prostitution wird abgeschafft
kedua-dua pelacuran awam dimansuhkan, dan pelacuran
persendirian
Den Kommunisten wird noch dazu vorgeworfen, sie wollten
Länder und Nationalitäten abschaffen
Komunis lebih dicela dengan keinginan untuk memansuhkan
negara dan kewarganegaraan
Die Arbeiter haben kein Vaterland, also können wir ihnen
nicht nehmen, was sie nicht haben
Lelaki pekerja tidak mempunyai negara, jadi kita tidak boleh
mengambil daripada mereka apa yang mereka tidak dapat
Das Proletariat muss vor allem die politische Herrschaft
erlangen
proletariat mesti terlebih dahulu memperoleh ketuanan
politik
Das Proletariat muss sich zur führenden Klasse der Nation
erheben
proletariat mesti bangkit menjadi kelas terkemuka negara
Das Proletariat muss sich zur Nation konstituieren
proletariat mesti membentuk dirinya sebagai negara
sie ist bis jetzt selbst national, wenn auch nicht im
Bourgeoisie Sinne des Wortes
ia, setakat ini, itu sendiri bersifat nasional, walaupun tidak
dalam erti kata Borjuasi

Nationale Unterschiede und Gegensätze zwischen den
Völkern verschwinden täglich mehr und mehr
Perbezaan dan permusuhan nasional antara orang-orang
semakin lenyap setiap hari
der Entwicklung der Bourgeoisie, der Freiheit des Handels,
des Weltmarktes
disebabkan oleh perkembangan Borjuasi, kebebasan
perdagangan, kepada pasaran dunia
zur Gleichförmigkeit der Produktionsweise und der ihr
entsprechenden Lebensbedingungen
kepada keseragaman dalam cara pengeluaran dan dalam
keadaan kehidupan yang sepadan dengannya
Die Herrschaft des Proletariats wird sie noch schneller
verschwinden lassen
Ketuanan proletariat akan menyebabkan mereka lenyap lebih
cepat
Die einheitliche Aktion, wenigstens der führenden
zivilisierten Länder, ist eine der ersten Bedingungen für die
Befreiung des Proletariats
Tindakan bersatu, sekurang-kurangnya negara-negara
bertamadun terkemuka, adalah salah satu syarat pertama
untuk pembebasan proletariat
In dem Maße, wie der Ausbeutung eines Individuums durch
ein anderes ein Ende gesetzt wird, wird auch der
Ausbeutung einer Nation durch eine andere ein Ende
gesetzt.
Dalam perkadaran apabila eksploitasi satu individu oleh yang
lain ditamatkan, eksploitasi satu negara oleh negara lain juga
akan ditamatkan
In dem Maße, wie der Antagonismus zwischen den Klassen
innerhalb der Nation verschwindet, wird die Feindschaft
einer Nation gegen die andere ein Ende haben
Dalam perkadaran apabila permusuhan antara kelas dalam
negara lenyap, permusuhan satu negara terhadap negara lain
akan berakhir

Die Anschuldigungen gegen den Kommunismus, die von einem religiösen, philosophischen und allgemein von einem ideologischen Standpunkt aus erhoben werden, verdienen keine ernsthafte Prüfung

Tuduhan terhadap Komunisme yang dibuat daripada agama, falsafah, dan, secara amnya, dari sudut ideologi, tidak patut diperiksa secara serius

Braucht es eine tiefe Intuition, um zu begreifen, dass sich die Ideen, Ansichten und Vorstellungen des Menschen mit jeder Veränderung der Bedingungen seiner materiellen Existenz ändern?

Adakah ia memerlukan intuisi yang mendalam untuk memahami bahawa idea, pandangan dan konsep manusia berubah dengan setiap perubahan dalam keadaan kewujudan materialnya?

Ist es nicht offensichtlich, dass das Bewusstsein des Menschen sich Verändert, wenn seine sozialen Beziehungen und sein soziales Leben ändern?

Bukankah jelas bahawa kesedaran manusia berubah apabila hubungan sosial dan kehidupan sosialnya berubah?

Was beweist die Ideengeschichte anderes, als daß die geistige Produktion ihren Charakter in dem Maße ändert, wie die materielle Produktion verändert wird?

Apa lagi yang dibuktikan oleh sejarah idea, daripada pengeluaran intelektual mengubah wataknya mengikut perkadaran apabila pengeluaran material diubah?

Die herrschenden Ideen eines jeden Zeitalters waren immer die Ideen seiner herrschenden Klasse

Idea yang memerintah setiap zaman pernah menjadi idea kelas pemerintahnya

Wenn Menschen von Ideen sprechen, die die Gesellschaft revolutionieren, drücken sie nur eine Tatsache aus

Apabila orang bercakap tentang idea yang merevolusikan masyarakat, mereka hanya menyatakan satu fakta

Innerhalb der alten Gesellschaft wurden die Elemente einer neuen geschaffen

Dalam masyarakat lama, unsur-unsur yang baru telah dicipta
**und daß die Auflösung der alten Ideen mit der Auflösung
der alten Daseinsverhältnisse Schritt hält**
dan bahawa pembubaran idea-idea lama selaras dengan
pembubaran syarat-syarat lama kewujudan
**Als die Antike in den letzten Zügen lag, wurden die alten
Religionen vom Christentum überwunden**
Apabila dunia purba berada dalam pergolakan terakhirnya,
agama-agama purba telah dikalahkan oleh agama Kristian
**Als die christlichen Ideen im 18. Jahrhundert den
rationalistischen Ideen erlagen, kämpfte die feudale
Gesellschaft ihren Todeskampf mit der damals
revolutionären Bourgeoisie**
Apabila idea-idea Kristian tunduk pada abad ke-18 kepada
idea-idea rasionalis, masyarakat feudal berjuang dalam
pertempuran mautnya dengan Borjuasi revolusioner ketika itu
**Die Ideen der Religions- und Gewissensfreiheit brachten
lediglich die Herrschaft des freien Wettbewerbs auf dem
Gebiet des Wissens zum Ausdruck**
Idea kebebasan beragama dan kebebasan hati nurani hanya
memberi ekspresi kepada pengaruh persaingan bebas dalam
domain pengetahuan
**"Zweifellos", wird man sagen, "sind religiöse, moralische,
philosophische und juristische Ideen im Laufe der
geschichtlichen Entwicklung modifiziert worden"**
"Tidak dinafikan," akan dikatakan, "idea-idea agama, moral,
falsafah dan perundangan telah diubah suai dalam perjalanan
perkembangan sejarah"
**"Aber Religion, Moralphilosophie, Politikwissenschaft und
Recht überlebten diesen Wandel ständig."**
"Tetapi agama, falsafah moral, sains politik, dan undang-
undang, sentiasa terselamat daripada perubahan ini"
**"Es gibt auch ewige Wahrheiten, wie Freiheit, Gerechtigkeit
usw."**
"Terdapat juga kebenaran abadi, seperti Kebebasan, Keadilan,
dll"

"Diese ewigen Wahrheiten sind allen Zuständen der
Gesellschaft gemeinsam"
"Kebenaran kekal ini adalah perkara biasa bagi semua
keadaan masyarakat"
"Aber der Kommunismus schafft die ewigen Wahrheiten ab,
er schafft alle Religion und alle Moral ab."
"Tetapi Komunisme menghapuskan kebenaran abadi, ia
menghapuskan semua agama, dan semua moral"
"Sie tut dies, anstatt sie auf einer neuen Grundlage zu
konstituieren"
"Ia melakukan ini dan bukannya membentuk mereka secara
baharu"
"Sie handelt daher im Widerspruch zu allen bisherigen
historischen Erfahrungen"
"Oleh itu, ia bertindak bercanggah dengan semua pengalaman
sejarah masa lalu"
Worauf reduziert sich dieser Vorwurf?
Apakah tuduhan ini mengurangkan dirinya sendiri?
Die Geschichte aller vergangenen Gesellschaften hat in der
Entwicklung von Klassengegensätzen bestanden
Sejarah semua masyarakat masa lalu telah terdiri daripada
perkembangan antagonisme kelas
Antagonismen, die in verschiedenen Epochen
unterschiedliche Formen annahmen
antagonisme yang mengambil bentuk yang berbeza pada
zaman yang berbeza
Aber welche Form sie auch immer angenommen haben
mögen, eine Tatsache ist allen vergangenen Zeitaltern
gemeinsam
Tetapi apa jua bentuk yang mereka ambil, satu fakta adalah
biasa untuk semua zaman lampau
die Ausbeutung eines Teils der Gesellschaft durch den
anderen
eksploitasi satu bahagian masyarakat oleh yang lain

**Kein Wunder also, dass sich das gesellschaftliche
Bewußtsein vergangener Zeiten innerhalb gewisser
allgemeiner Formen oder allgemeiner Vorstellungen bewegt**
Oleh itu, tidak hairanlah bahawa kesedaran sosial zaman
lampau bergerak dalam bentuk umum tertentu, atau idea
umum

(und das trotz aller Vielfalt und Vielfalt, die es zeigt)
(dan itu walaupun semua kepelbagaian dan kepelbagaian
yang dipaparkannya)

**Und diese können nur mit dem gänzlichen Verschwinden
der Klassengegensätze völlig verschwinden**
dan ini tidak boleh lenyap sepenuhnya kecuali dengan
hilangnya antagonisme kelas

**Die kommunistische Revolution ist der radikalste Bruch mit
den traditionellen Eigentumsverhältnissen**
Revolusi Komunis adalah perpecahan paling radikal dengan
hubungan harta tradisional

**Kein Wunder, dass ihre Entwicklung den radikalsten Bruch
mit den traditionellen Vorstellungen mit sich bringt**
Tidak hairanlah bahawa perkembangannya melibatkan
perpecahan paling radikal dengan idea-idea tradisional

**Aber lassen wir die Einwände der Bourgeoisie gegen den
Kommunismus hinter uns**
Tetapi marilah kita selesai dengan bantahan Borjuasi terhadap
Komunisme

**Wir haben oben den ersten Schritt der Arbeiterklasse in der
Revolution gesehen**
Kita telah melihat di atas langkah pertama dalam revolusi
oleh kelas pekerja

**Das Proletariat muss zur Herrschaft erhoben werden, um
den Kampf der Demokratie zu gewinnen**
proletariat perlu dinaikkan ke kedudukan memerintah, untuk
memenangi pertempuran demokrasi

**Das Proletariat wird seine politische Vorherrschaft
benutzen, um der Bourgeoisie nach und nach alles Kapital
zu entreißen**

Proletariat akan menggunakan ketuanan politiknya untuk merampas, secara berperingkat, semua modal daripada Borjuasi

sie wird alle Produktionsmittel in den Händen des Staates zentralisieren

ia akan memusatkan semua instrumen pengeluaran di tangan Negara

Mit anderen Worten, das Proletariat organisierte sich als herrschende Klasse

Dalam erti kata lain, proletariat dianjurkan sebagai kelas pemerintah

Und sie wird die Summe der Produktivkräfte so schnell wie möglich vermehren

dan ia akan meningkatkan jumlah daya produktif secepat mungkin

Natürlich kann dies anfangs nur durch despotische Eingriffe in die Eigentumsrechte geschehen

Sudah tentu, pada mulanya, ini tidak boleh dilaksanakan kecuali melalui pencerobohan zalim terhadap hak harta

und sie muss unter den Bedingungen der Bourgeoisie Produktion erreicht werden

dan ia perlu dicapai atas syarat-syarat pengeluaran Borjuasi

Sie wird also durch Maßnahmen erreicht, die wirtschaftlich unzureichend und unhaltbar erscheinen

ia dicapai melalui langkah-langkah, oleh itu, yang kelihatan tidak mencukupi dari segi ekonomi dan tidak dapat dipertahankan

aber diese Mittel überflügeln sich im Laufe der Bewegung selbst

tetapi ini bermakna, dalam perjalanan pergerakan, mengatasi diri mereka sendiri

sie erfordern weitere Eingriffe in die alte Gesellschaftsordnung

mereka memerlukan pencerobohan lebih lanjut ke atas tatanan sosial lama

und sie sind unvermeidlich, um die Produktionsweise völlig zu revolutionieren

dan mereka tidak dapat dielakkan sebagai cara untuk merevolusikan sepenuhnya cara pengeluaran

Diese Maßnahmen werden natürlich in den verschiedenen Ländern unterschiedlich sein

Langkah-langkah ini sudah tentu berbeza di negara yang berbeza

Nichtsdestotrotz wird in den am weitesten fortgeschrittenen Ländern das Folgende ziemlich allgemein anwendbar sein

Namun begitu, di negara-negara yang paling maju, perkara berikut akan berlaku secara umum

1. Abschaffung des Grundeigentums und Verwendung aller Grundrenten für öffentliche Zwecke.

1. Pemansuhan harta tanah dan penggunaan semua sewa tanah untuk tujuan awam.

2. Eine hohe progressive oder abgestufte Einkommensteuer.

2. Cukai pendapatan progresif atau bergraduat yang berat.

3. Abschaffung jeglichen Erbrechts.

3. Pemansuhan semua hak warisan.

4. Konfiskation des Eigentums aller Emigranten und Rebellen.

4. Rampasan harta semua pendatang dan pemberontak.

5. Zentralisierung des Kredits in den Händen des Staates durch eine Nationalbank mit staatlichem Kapital und ausschließlichem Monopol.

5. Pemusatan kredit di tangan Negara, melalui bank negara dengan modal Negara dan monopoli eksklusif.

6. Zentralisierung der Kommunikations- und Transportmittel in den Händen des Staates.

6. Pemusatan alat komunikasi dan pengangkutan di tangan Negara.

7. Ausbau der Fabriken und Produktionsmittel im Eigentum des Staates

7. Peluasan kilang dan instrumen pengeluaran yang dimiliki oleh Kerajaan Negeri

die Kultivierung von Ödland und die Verbesserung des Bodens überhaupt nach einem gemeinsamen Plan.

membawa ke dalam penanaman tanah terbiar, dan penambahbaikan tanah secara amnya mengikut rancangan bersama.

8. Gleiche Haftung aller für die Arbeit

8. Liabiliti yang sama semua kepada buruh

Aufbau von Industriearmeen, vor allem für die Landwirtschaft.

Penubuhan tentera perindustrian, terutamanya untuk pertanian.

9. Kombination der Landwirtschaft mit dem verarbeitenden Gewerbe

9. Gabungan pertanian dengan industri pembuatan

allmähliche Aufhebung der Unterscheidung zwischen Stadt und Land durch eine gleichmäßigere Verteilung der Bevölkerung über das Land.

pemansuhan secara beransur-ansur perbezaan antara bandar dan desa, dengan pengagihan penduduk yang lebih sama rata di seluruh negara.

10. Kostenlose Bildung für alle Kinder in öffentlichen Schulen.

10. Pendidikan percuma untuk semua kanak-kanak di sekolah awam.

Abschaffung der Kinderfabrikarbeit in ihrer jetzigen Form

Pemansuhan buruh kilang kanak-kanak dalam bentuknya sekarang

Kombination von Bildung und industrieller Produktion

Gabungan pendidikan dengan pengeluaran perindustrian

Wenn im Laufe der Entwicklung die Klassenunterschiede verschwunden sind

Apabila, dalam perjalanan pembangunan, perbezaan kelas telah hilang

und wenn die ganze Produktion in den Händen einer ungeheuren Assoziation der ganzen Nation konzentriert ist

dan apabila semua pengeluaran telah tertumpu di tangan
persatuan yang luas seluruh negara
dann verliert die Staatsgewalt ihren politischen Charakter
maka kuasa awam akan kehilangan watak politiknya
**Politische Macht, eigentlich so genannt, ist nichts anderes
als die organisierte Macht einer Klasse, um eine andere zu
unterdrücken**
Kuasa politik, yang dipanggil, hanyalah kuasa tersusun satu
kelas untuk menindas yang lain
**Wenn das Proletariat in seinem Kampf mit der Bourgeoisie
durch die Gewalt der Umstände gezwungen ist, sich als
Klasse zu organisieren**
Jika proletariat semasa persaingannya dengan Borjuasi
terpaksa, oleh kuasa keadaan, untuk mengatur dirinya sebagai
sebuah kelas
**wenn sie sich durch eine Revolution zur herrschenden
Klasse macht**
jika, melalui revolusi, ia menjadikan dirinya kelas pemerintah
**und als solche fegt sie mit Gewalt die alten
Produktionsbedingungen hinweg**
dan, oleh itu, ia menyapu secara paksa keadaan pengeluaran
lama
**dann wird sie mit diesen Bedingungen auch die
Bedingungen für die Existenz der Klassengegensätze und
der Klassen überhaupt hinweggefegt haben**
maka ia akan, bersama-sama dengan syarat-syarat ini, telah
menyapu bersih syarat-syarat untuk kewujudan antagonisme
kelas dan kelas secara amnya
**und wird damit seine eigene Vorherrschaft als Klasse
aufgehoben haben.**
dan dengan itu akan menghapuskan ketuanannya sendiri
sebagai sebuah kelas.
**An die Stelle der alten Bourgeoisie Gesellschaft mit ihren
Klassen und Klassengegensätzen treten eine Assoziation**
Sebagai ganti masyarakat Borjuasi lama, dengan kelas dan
antagonisme kelasnya, kita akan mempunyai persatuan

eine Assoziation, in der die freie Entwicklung eines jeden die Bedingung für die freie Entwicklung aller ist
persatuan di mana pembangunan bebas masing-masing adalah syarat untuk pembangunan bebas semua

1) Reaktionärer Sozialismus
1) Sosialisme Reaksioner

a) Feudaler Sozialismus
a) Sosialisme Feudal

die Aristokratien Frankreichs und Englands hatten eine einzigartige historische Stellung
bangsawan Perancis dan England mempunyai kedudukan sejarah yang unik
es wurde zu ihrer Berufung, Pamphlete gegen die moderne Boureoisie Gesellschaft zu schreiben
ia menjadi kerjaya mereka untuk menulis risalah menentang masyarakat Borjuasi moden
In der französischen Revolution vom Juli 1830 und in der englischen Reformagitation
Dalam revolusi Perancis pada Julai 1830, dan dalam pergolakan pembaharuan Inggeris
Diese Aristokratien erlagen wieder dem hasserfüllten Emporkömmling
bangsawan ini sekali lagi tunduk kepada pemula yang penuh kebencian
An eine ernsthafte politische Auseinandersetzung war fortan nicht mehr zu denken
Sejak itu, pertandingan politik yang serius sama sekali tidak boleh dipersoalkan
Alles, was möglich blieb, war eine literarische Schlacht, keine wirkliche Schlacht
Apa yang mungkin hanyalah pertempuran sastera, bukan pertempuran sebenar
Aber auch auf dem Gebiet der Literatur waren die alten Schreie der Restaurationszeit unmöglich geworden
Tetapi walaupun dalam domain kesusasteraan, tangisan lama tempoh pemulihan telah menjadi mustahil
Um Sympathie zu erregen, mußte die Aristokratie offenbar ihre eigenen Interessen aus den Augen verlieren

Untuk membangkitkan simpati, bangsawan terpaksa
kehilangan pandangan, nampaknya, kepentingan mereka
sendiri

**und sie waren gezwungen, ihre Anklage gegen die
Bourgeoisie im Interesse der ausgebeuteten Arbeiterklasse
zu formulieren**

dan mereka diwajibkan untuk merumuskan dakwaan mereka
terhadap Borjuasi demi kepentingan kelas pekerja yang
dieksploitasi

**So rächte sich die Aristokratie, indem sie ihren neuen Herrn
verspottete**

Oleh itu, golongan bangsawan membalas dendam dengan
menyanyikan lampoon pada tuan baru mereka

**Und sie rächten sich, indem sie ihm unheimliche
Prophezeiungen über die kommende Katastrophe ins Ohr
flüsterten**

dan mereka membalas dendam dengan membisikkan di
telinganya ramalan jahat tentang malapetaka yang akan
datang

So entstand der feudale Sozialismus: halb Klage, halb Spott

Dengan cara ini timbul Sosialisme Feudal: separuh ratapan,
separuh lampoon

**Es klang halb wie ein Echo der Vergangenheit und
projizierte halb die Bedrohung der Zukunft**

ia berbunyi sebagai separuh gema masa lalu, dan
mengunjurkan separuh ancaman masa depan

**zuweilen traf sie durch ihre bittere, geistreiche und scharfe
Kritik die Bourgeoisie bis ins Mark**

kadang-kadang, dengan kritikannya yang pahit, lucu dan
tajam, ia menyerang Borjuasi ke teras hati

**aber es war immer lächerlich in seiner Wirkung, weil es
völlig unfähig war, den Gang der neueren Geschichte zu
begreifen**

tetapi ia sentiasa menggelikan dalam kesannya, melalui
ketidakupayaan total untuk memahami perarakan sejarah
moden

Die Aristokratie schwenkte, um das Volk um sich zu scharen, den proletarischen Almosensack als Banner

Bangsawan, untuk mengumpulkan rakyat kepada mereka, melambai-lambaikan beg sedekah proletar di hadapan untuk sepanduk

Aber das Volk, so oft es sich zu ihnen gesellte, sah auf seinem Hinterteil die alten Feudalwappen

Tetapi rakyat, begitu kerap menyertai mereka, melihat di bahagian belakang mereka jata feudal lama

Und sie verließen mit lautem und respektlosem Gelächter

dan mereka meninggalkan dengan ketawa yang kuat dan tidak sopan

Ein Teil der französischen Legitimisten und des "jungen Englands" zeigte dieses Schauspiel

Satu bahagian Legitimis Perancis dan "England Muda" mempamerkan tontonan ini

die Feudalisten wiesen darauf hin, dass ihre Ausbeutungsweise eine andere sei als die der Bourgeoisie

feudalis menunjukkan bahawa cara eksploitasi mereka berbeza dengan Borjuasi

Die Feudalisten vergessen, dass sie unter ganz anderen Umständen und Bedingungen ausgebeutet haben

Feudalis lupa bahawa mereka mengeksploitasi dalam keadaan dan keadaan yang agak berbeza

Und sie haben nicht bemerkt, dass solche Methoden der Ausbeutung heute veraltet sind

dan mereka tidak perasan kaedah eksploitasi sedemikian kini sudah lapuk

Sie zeigten, dass unter ihrer Herrschaft das moderne Proletariat nie existiert hat

mereka menunjukkan bahawa, di bawah pemerintahan mereka, proletariat moden tidak pernah wujud

aber sie vergessen, daß die moderne Bourgeoisie der notwendige Sprößling ihrer eigenen Gesellschaftsform ist

tetapi mereka lupa bahawa Borjuasi moden adalah keturunan yang diperlukan dalam bentuk masyarakat mereka sendiri

Im übrigen verbergen sie kaum den reaktionären Charakter ihrer Kritik

Selebihnya, mereka hampir tidak menyembunyikan watak reaksioner kritikan mereka

ihre Hauptanklage gegen die Bourgeoisie läuft auf folgendes hinaus

tuduhan utama mereka terhadap Borjuasi berjumlah seperti berikut

unter dem Boureoisie Regime entwickelt sich eine soziale Klasse

di bawah rejim Borjuasi, kelas sosial sedang dibangunkan

Diese soziale Klasse ist dazu bestimmt, die alte Gesellschaftsordnung an der Wurzel zu zerschneiden

Kelas sosial ini ditakdirkan untuk memotong akar dan bercabang susunan lama masyarakat

Womit sie die Bourgeoisie aufpeppen, ist nicht so sehr, dass sie ein Proletariat schafft

Apa yang mereka kecewa dengan Borjuasi tidak begitu banyak sehingga ia mewujudkan proletariat

womit sie die Bourgeoisie aufpeppen, ist mehr, dass sie ein revolutionäres Proletariat schafft

apa yang mereka tegur dengan Borjuasi lebih-lebih lagi ia mewujudkan proletariat revolusioner

In der politischen Praxis beteiligen sie sich daher an allen Zwangsmaßnahmen gegen die Arbeiterklasse

Oleh itu, dalam amalan politik, mereka menyertai semua langkah paksaan terhadap kelas pekerja

Und im gewöhnlichen Leben bücken sie sich, trotz ihrer hochtrabenden Phrasen, um die goldenen Äpfel aufzuheben, die vom Baum der Industrie fallen gelassen wurden

dan dalam kehidupan biasa, walaupun frasa mereka tinggi, mereka membungkuk untuk mengambil epal emas yang dijatuhkan dari pokok industri

Und sie tauschen Wahrheit, Liebe und Ehre gegen den Handel mit Wolle, Rote-Bete-Zucker und Kartoffelbränden

dan mereka menukar kebenaran, cinta, dan kehormatan untuk perdagangan dalam bulu, gula bit, dan semangat kentang

Wie der Pfarrer immer Hand in Hand mit dem Gutsherrn gegangen ist, so ist es der klerikale Sozialismus mit dem feudalen Sozialismus getan

Oleh kerana pendeta pernah seiring dengan tuan tanah, begitu juga dengan Sosialisme Perkeranian dengan Sosialisme Feudal

Nichts ist leichter, als der christlichen Askese einen sozialistischen Anstrich zu geben

Tiada yang lebih mudah daripada memberikan pertapaan Kristian warna Sosialis

Hat nicht das Christentum gegen das Privateigentum, gegen die Ehe, gegen den Staat deklamiert?

Bukankah agama Kristian mendakwa terhadap harta persendirian, menentang perkahwinan, terhadap Negara?

Hat das Christentum nicht an die Stelle dieser Nächstenliebe und Armut getreten?

Bukankah agama Kristian berkhotbah di tempat ini, amal dan kemiskinan?

Predigt das Christentum nicht den Zölibat und die Abtötung des Fleisches, das monastische Leben und die Mutter Kirche?

Adakah agama Kristian tidak mengajarkan bujang dan penghinaan daging, kehidupan monastik dan Gereja Ibu?

Der christliche Sozialismus ist nur das Weihwasser, mit dem der Priester das Herzbrennen des Aristokraten weiht

Sosialisme Kristian hanyalah air suci yang dengannya imam menguduskan pembakaran hati bangsawan

b) Kleinbürgerlicher Sozialismus
b) Sosialisme Borjuis Kecil

**Die feudale Aristokratie war nicht die einzige Klasse, die
von der Bourgeoisie ruiniert wurde**
Bangsawan feudal bukan satu-satunya kelas yang
dimusnahkan oleh Borjuasi
**sie war nicht die einzige Klasse, deren Existenzbedingungen
in der Atmosphäre der modernen Bourgeoisie Gesellschaft
schmachten und zugrunde gingen**
ia bukan satu-satunya kelas yang keadaan kewujudannya
terjepit dan binasa dalam suasana masyarakat Borjuasi moden
**Die mittelalterliche Bürgerschaft und die kleinbäuerlichen
Eigentümer waren die Vorläufer des modernen Bourgeoisie**
Burgesses zaman pertengahan dan pemilik petani kecil adalah
pelopor Borjuasi moden
**In den Ländern, die industriell und kommerziell nur wenig
entwickelt sind, vegetieren diese beiden Klassen noch Seite
an Seite**
Di negara-negara yang kurang maju, dari segi perindustrian
dan komersial, kedua-dua kelas ini masih tumbuh-tumbuhan
bersebelahan
**und in der Zwischenzeit erhebt sich die Bourgeoisie neben
ihnen: industriell, kommerziell und politisch**
dan sementara itu Borjuasi bangkit di sebelah mereka: dari
segi perindustrian, komersial, dan politik
**In den Ländern, in denen die moderne Zivilisation voll
entwickelt ist, hat sich eine neue Klasse des
Kleinbourgeoisie gebildet**
Di negara-negara di mana tamadun moden telah berkembang
sepenuhnya, kelas baru Borjuasi kecil telah dibentuk
**diese neue soziale Klasse schwankt zwischen Proletariat
und Bourgeoisie**
kelas sosial baru ini berubah-ubah antara proletariat dan
borjuasi

und sie erneuert sich ständig als ergänzender Teil der Bourgeoisie Gesellschaft

dan ia sentiasa memperbaharui dirinya sebagai bahagian tambahan masyarakat Borjuasi

Die einzelnen Glieder dieser Klasse aber werden fortwährend in das Proletariat hinabgeschleudert

Ahli-ahli individu kelas ini, bagaimanapun, sentiasa dilemparkan ke dalam proletariat

sie werden vom Proletariat durch die Einwirkung der Konkurrenz aufgesaugt

mereka disedut oleh proletariat melalui tindakan persaingan

In dem Maße, wie sich die moderne Industrie entwickelt, sehen sie sogar den Augenblick herannahen, in dem sie als eigenständiger Teil der modernen Gesellschaft völlig verschwinden wird

Apabila industri moden berkembang, mereka juga melihat masa yang semakin hampir, apabila mereka akan hilang sepenuhnya sebagai bahagian bebas masyarakat moden

Sie werden in der Manufaktur, in der Landwirtschaft und im Handel durch Aufseher, Gerichtsvollzieher und Krämer ersetzt werden

Mereka akan digantikan, dalam pembuatan, pertanian dan perdagangan, oleh pemerhati, bailif dan tukang kedai

In Ländern wie Frankreich, wo die Bauern weit mehr als die Hälfte der Bevölkerung ausmachen

Di negara-negara seperti Perancis, di mana petani membentuk lebih daripada separuh daripada penduduk

es war natürlich, dass es Schriftsteller gab, die sich auf die Seite des Proletariats gegen die Bourgeoisie stellten

adalah wajar bahawa terdapat penulis yang memihak kepada proletariat menentang Borjuasi

in ihrer Kritik am Bourgeoisie Regime benutzten sie den Maßstab des Bauern- und Kleinbourgeoisie

dalam kritikan mereka terhadap rejim Borjuasi, mereka menggunakan standard petani dan Borjuasi kecil

Und vom Standpunkt dieser Zwischenklassen aus ergreifen
sie die Keule für die Arbeiterklasse
dan dari sudut kelas perantaraan ini mereka mengambil
tongkat untuk kelas pekerja
So entstand der Kleinbourgeoisie Sozialismus, dessen
Haupt Sismondi nicht nur in Frankreich, sondern auch in
England war
Oleh itu, timbul Sosialisme Borjuasi kecil, di mana Sismondi
adalah ketua sekolah ini, bukan sahaja di Perancis tetapi juga
di England
Diese Schule des Sozialismus sezierte mit großer Schärfe die
Widersprüche in den Bedingungen der modernen
Produktion
Sekolah Sosialisme ini membedah dengan sangat tajam
percanggahan dalam keadaan pengeluaran moden
Diese Schule entlarvte die heuchlerischen
Entschuldigungen der Ökonomen
Sekolah ini mendedahkan permohonan maaf hipokrit ahli
ekonomi
Diese Schule bewies unwiderlegbar die verheerenden
Auswirkungen der Maschinerie und der Arbeitsteilung
Sekolah ini membuktikan, tidak dapat dipertikaikan, kesan
bencana jentera dan pembahagian kerja
Es bewies die Konzentration von Kapital und Grund und
Boden in wenigen Händen
ia membuktikan penumpuan modal dan tanah di beberapa
tangan
sie bewies, wie Überproduktion zu Bourgeoisie-Krisen führt
ia membuktikan bagaimana pengeluaran berlebihan
membawa kepada krisis Borjuasi
sie wies auf den unvermeidlichen Ruin des
Kleinbourgeoisie' und der Bauern hin
ia menunjukkan kemusnahan yang tidak dapat dielakkan
daripada Borjuasi kecil dan petani

das Elend des Proletariats, die Anarchie in der Produktion, die schreiende Ungleichheit in der Verteilung des Reichtums

kesengsaraan proletariat, anarki dalam pengeluaran, ketidaksamaan yang menangis dalam pengagihan kekayaan

Er zeigte, wie das Produktionssystem den industriellen Vernichtungskrieg zwischen den Nationen führt

Ia menunjukkan bagaimana sistem pengeluaran mengetuai perang perindustrian pemusnahan antara negara

die Auflösung der alten sittlichen Bande, der alten Familienverhältnisse, der alten Nationalitäten

pembubaran ikatan moral lama, hubungan keluarga lama, kewarganegaraan lama

In ihren positiven Zielen strebt diese Form des Sozialismus jedoch eines von zwei Dingen an

Walau bagaimanapun, dalam matlamat positifnya, bentuk Sosialisme ini bercita-cita untuk mencapai salah satu daripada dua perkara

Entweder zielt sie darauf ab, die alten Produktions- und Tauschmittel wiederherzustellen

sama ada ia bertujuan untuk memulihkan cara pengeluaran dan pertukaran lama

und mit den alten Produktionsmitteln würde sie die alten Eigentumsverhältnisse und die alte Gesellschaft wiederherstellen

dan dengan alat pengeluaran lama ia akan memulihkan hubungan harta lama, dan masyarakat lama

oder sie zielt darauf ab, die modernen Produktions- und Austauschmittel in den alten Rahmen der Eigentumsverhältnisse zu zwängen

atau ia bertujuan untuk mengecilkan cara pengeluaran dan pertukaran moden ke dalam rangka kerja lama hubungan harta

In beiden Fällen ist es sowohl reaktionär als auch utopisch

Dalam kedua-dua kes, ia adalah reaksioner dan Utopia

Seine letzten Worte lauten: Korporativzünfte für die
Manufaktur, patriarchalische Verhältnisse in der
Landwirtschaft
Kata-kata terakhirnya ialah: persatuan korporat untuk
pembuatan, hubungan patriarki dalam pertanian
Schließlich, als hartnäckige historische Tatsachen alle
berauschenden Wirkungen der Selbsttäuschung zerstreut
hatten,
Akhirnya, apabila fakta sejarah yang degil telah menyebarkan
semua kesan memabukkan penipuan diri
diese Form des Sozialismus endete in einem elenden Anfall
von Mitleid
bentuk Sosialisme ini berakhir dengan rasa kasihan yang
menyedihkan

c) Deutscher oder "wahrer" Sozialismus
c) Sosialisme Jerman, atau "Benar"

Die sozialistische und kommunistische Literatur Frankreichs entstand unter dem Druck einer herrschenden Bourgeoisie
Kesusasteraan Sosialis dan Komunis Perancis berasal di bawah tekanan Borjuasi yang berkuasa
Und diese Literatur war der Ausdruck des Kampfes gegen diese Macht
dan kesusasteraan ini adalah ungkapan perjuangan menentang kuasa ini
sie wurde in Deutschland zu einer Zeit eingeführt, als die Bourgeoisie gerade ihren Kampf mit dem feudalen Absolutismus begonnen hatte
ia diperkenalkan ke Jerman pada masa Borjuasi baru sahaja memulakan persaingannya dengan absolutisme feudal
Deutsche Philosophen, Möchtegern-Philosophen und Beaux Esprits griffen begierig zu dieser Literatur
Ahli falsafah Jerman, bakal ahli falsafah, dan beaux esprit, dengan bersemangat merebut kesusasteraan ini
aber sie vergaßen, daß die Schriften aus Frankreich nach Deutschland einwanderten, ohne die französischen Gesellschaftsverhältnisse mitzubringen
tetapi mereka lupa bahawa tulisan-tulisan itu berhijrah dari Perancis ke Jerman tanpa membawa keadaan sosial Perancis
Im Kontakt mit den deutschen gesellschaftlichen Verhältnissen verlor diese französische Literatur ihre unmittelbare praktische Bedeutung
Dalam hubungan dengan keadaan sosial Jerman, kesusasteraan Perancis ini kehilangan semua kepentingan praktikalnya yang segera
und die kommunistische Literatur Frankreichs nahm in deutschen akademischen Kreisen einen rein literarischen Aspekt an

dan kesusasteraan Komunis Perancis menganggap aspek
sastera semata-mata dalam kalangan akademik Jerman
**So waren die Forderungen der ersten Französischen
Revolution nichts anderes als die Forderungen der
"praktischen Vernunft"**
Oleh itu, tuntutan Revolusi Perancis pertama tidak lebih
daripada tuntutan "Alasan Praktikal"
**und die Willensäußerung der revolutionären französischen
Bourgeoisie bedeutete in ihren Augen das Gesetz des reinen
Willens**
dan ucapan kehendak Borjuasi Perancis yang revolusioner
menandakan di mata mereka undang-undang Kehendak
murni
**es bedeutete den Willen, wie er sein mußte; des wahren
menschlichen Willens überhaupt**
ia menandakan Kehendak seperti yang sepatutnya; Kehendak
manusia sejati secara amnya
**Die Welt der deutschen Literaten bestand einzig und allein
darin, die neuen französischen Ideen mit ihrem alten
philosophischen Gewissen in Einklang zu bringen**
Dunia sasterawan Jerman semata-mata terdiri daripada
membawa idea-idea Perancis baru ke dalam harmoni dengan
hati nurani falsafah kuno mereka
**oder vielmehr, sie annektierten die französischen Ideen,
ohne ihren eigenen philosophischen Standpunkt
aufzugeben**
atau lebih tepatnya, mereka mengilhamkan idea-idea Perancis
tanpa meninggalkan sudut pandangan falsafah mereka sendiri
**Diese Annexion vollzog sich auf die gleiche Weise, wie man
sich eine Fremdsprache aneignet, nämlich durch
Übersetzung**
Pengilhakan ini berlaku dengan cara yang sama di mana
bahasa asing diperuntukkan, iaitu, melalui terjemahan
**Es ist bekannt, wie die Mönche alberne Leben katholischer
Heiliger über Manuskripte schrieben**

Umum mengetahui bagaimana para sami menulis kehidupan bodoh Orang Suci Katolik di atas manuskrip

die Manuskripte, auf denen die klassischen Werke des antiken Heidentums geschrieben waren

manuskrip di mana karya-karya klasik kafir kuno telah ditulis

Die deutschen Literaten kehrten diesen Prozess mit der profanen französischen Literatur um

Sasterawan Jerman membalikkan proses ini dengan kesusasteraan Perancis yang tidak senonoh

Sie schrieben ihren philosophischen Unsinn unter das französische Original

Mereka menulis karut falsafah mereka di bawah asal Perancis

Zum Beispiel schrieben sie unter der französischen Kritik an den ökonomischen Funktionen des Geldes "Entfremdung der Menschheit"

Sebagai contoh, di bawah kritikan Perancis terhadap fungsi ekonomi wang, mereka menulis "Pengasingan Kemanusiaan"

unter die französische Kritik am Bourgeoisie Staat schrieben sie "Entthronung der Kategorie des Generals"

di bawah kritikan Perancis terhadap Negara Borjuasi mereka menulis "penggulingan Kategori Jeneral"

Die Einführung dieser philosophischen Phrasen hinter der französischen Geschichtskritik nannten sie:

Pengenalan frasa falsafah ini di belakang kritikan sejarah Perancis yang mereka gelarkan:

"Philosophie des Handelns", "Wahrer Sozialismus", "Deutsche Sozialismuswissenschaft", "Philosophische Grundlagen des Sozialismus" und so weiter

"Falsafah Tindakan," "Sosialisme Sejati," "Sains Sosialisme Jerman," "Asas Falsafah Sosialisme," dan sebagainya

Die französische sozialistische und kommunistische Literatur wurde damit völlig entmannt

Oleh itu, kesusasteraan Sosialis dan Komunis Perancis telah dikebiri sepenuhnya

in den Händen der deutschen Philosophen hörte sie auf, den Kampf der einen Klasse mit der anderen auszudrücken

di tangan ahli falsafah Jerman ia berhenti menyatakan
perjuangan satu kelas dengan yang lain
**und so fühlten sich die deutschen Philosophen bewußt, die
"französische Einseitigkeit" überwunden zu haben**
dan oleh itu ahli falsafah Jerman berasa sedar telah mengatasi
"berat sebelah Perancis"
**Sie musste keine wahren Forderungen repräsentieren,
sondern sie repräsentierte Forderungen der Wahrheit**
ia tidak perlu mewakili keperluan sebenar, sebaliknya, ia
mewakili keperluan kebenaran
**es gab kein Interesse am Proletariat, sondern an der
menschlichen Natur**
tidak ada minat dalam proletariat, sebaliknya, ada minat
dalam Sifat Manusia
**das Interesse galt dem Menschen überhaupt, der keiner
Klasse angehört und keine Wirklichkeit hat**
minatnya adalah pada Manusia secara umum, yang tidak
tergolong dalam kelas, dan tidak mempunyai realiti
**ein Mann, der nur im nebligen Reich der philosophischen
Fantasie existiert**
seorang lelaki yang hanya wujud dalam alam berkabus fantasi
falsafah
**aber schließlich verlor auch dieser deutsche
Schulsozialismus seine pedantische Unschuld**
tetapi akhirnya budak sekolah Sosialisme Jerman ini juga
kehilangan kepolosannya yang bertele-tele
**die deutsche Bourgeoisie und besonders die preußische
Bourgeoisie kämpfte gegen die feudale Aristokratie**
Borjuasi Jerman, dan terutamanya Borjuasi Prusia berjuang
menentang bangsawan feudal
**auch die absolute Monarchie Deutschlands und Preußens
wurde bekämpft**
monarki mutlak Jerman dan Prusia juga dibantah
**Und im Gegenzug wurde auch die Literatur der liberalen
Bewegung ernster**

dan seterusnya, kesusasteraan gerakan liberal juga menjadi
lebih bersungguh-sungguh

**Deutschlands lang ersehnte Chance auf einen "wahren"
Sozialismus wurde geboten**

Peluang Jerman yang telah lama diidam-idamkan untuk
Sosialisme "sejati" telah ditawarkan

**die Möglichkeit, die politische Bewegung mit den
sozialistischen Forderungen zu konfrontieren**

peluang untuk menghadapi gerakan politik dengan tuntutan
Sosialis

**die Gelegenheit, die traditionellen Bannsprüche gegen den
Liberalismus zu schleudern**

peluang untuk melemparkan kutukan tradisional terhadap
liberalisme

**die Möglichkeit, die repräsentative Regierung und die
Bourgeoisie Konkurrenz anzugreifen**

peluang untuk menyerang kerajaan perwakilan dan
persaingan Borjuasi

**Pressefreiheit der Bourgeoisie, Bourgeoisie Gesetzgebung,
Bourgeoisie Freiheit und Gleichheit**

Kebebasan akhbar borjuasi, perundangan borjuasi, kebebasan
dan kesaksamaan borjuasi

**All dies könnte nun in der realen Welt kritisiert werden,
anstatt in der Fantasie**

Semua ini kini boleh dikritik di dunia nyata, dan bukannya
dalam fantasi

**Feudalaristokratie und absolute Monarchie hatten den
Massen lange gepredigt**

Bangsawan feudal dan monarki mutlak telah lama berdakwah
kepada orang ramai

**"Der Arbeiter hat nichts zu verlieren und er hat alles zu
gewinnen"**

"Lelaki yang bekerja tidak mempunyai apa-apa untuk rugi,
dan dia mempunyai segala-galanya untuk diperolehi"

**auch die Bourgeoisie bewegung bot eine Chance, sich mit
diesen Plattitüden auseinanderzusetzen**

gerakan Borjuasi juga menawarkan peluang untuk
menghadapi kata-kata kosong ini
die französische Kritik setzte die Existenz der modernen
Bourgeoisie Gesellschaft voraus
kritikan Perancis mengandaikan kewujudan masyarakat
Borjuasi moden
Bourgeoisie, ökonomische Existenzbedingungen und
Bourgeoisie politische Verfassung
Keadaan kewujudan ekonomi borjuasi dan perlembagaan
politik borjuasi
gerade die Dinge, deren Errungenschaft Gegenstand des in
Deutschland anstehenden Kampfes war
perkara-perkara yang pencapaiannya menjadi objek
perjuangan yang belum selesai di Jerman
Deutschlands albernes Echo des Sozialismus hat diese Ziele
gerade noch rechtzeitig aufgegeben
Gema bodoh Jerman tentang sosialisme meninggalkan
matlamat ini hanya dalam masa yang singkat
Die absoluten Regierungen hatten ihre Gefolgschaft aus
Pfarrern, Professoren, Landjunkern und Beamten
Kerajaan Mutlak mempunyai pengikut mereka daripada
pendeta, profesor, pengawal negara dan pegawai
die damalige Regierung begegnete den deutschen
Arbeiteraufständen mit Auspeitschungen und Kugeln
kerajaan pada masa itu menghadapi kebangkitan kelas
pekerja Jerman dengan sebatan dan peluru
ihnen diente dieser Sozialismus als willkommene
Vogelscheuche gegen die drohende Bourgeoisie
bagi mereka sosialisme ini berfungsi sebagai orang-orangan
sawah yang dialu-alukan terhadap Borjuasi yang mengancam
und die deutsche Regierung konnte nach den bitteren
Pillen, die sie austeilte, ein süßes Dessert anbieten
dan kerajaan Jerman dapat menawarkan pencuci mulut manis
selepas pil pahit yang diberikannya
dieser "wahre" Sozialismus diente also den Regierungen als
Waffe im Kampf gegen die deutsche Bourgeoisie

Sosialisme "Sejati" ini dengan itu berkhidmat kepada kerajaan sebagai senjata untuk memerangi Borjuasi Jerman

und gleichzeitig repräsentierte sie direkt ein reaktionäres Interesse; die der deutschen Philister

dan, pada masa yang sama, ia secara langsung mewakili kepentingan reaksioner; iaitu orang Filistin Jerman

In Deutschland ist das Kleinbourgeoisie die wirkliche gesellschaftliche Grundlage des bestehenden Zustandes

Di Jerman, kelas Borjuasi kecil adalah asas sosial sebenar keadaan sedia ada

Ein Relikt des sechzehnten Jahrhunderts, das immer wieder in verschiedenen Formen auftaucht

peninggalan abad keenam belas yang sentiasa muncul di bawah pelbagai bentuk

Diese Klasse zu bewahren bedeutet, den bestehenden Zustand in Deutschland zu bewahren

Untuk memelihara kelas ini adalah untuk mengekalkan keadaan sedia ada di Jerman

Die industrielle und politische Vorherrschaft der Bourgeoisie bedroht das KleinBourgeoisie mit der sicheren Vernichtung

Ketuanan perindustrian dan politik Borjuasi mengancam Borjuasi kecil dengan kemusnahan tertentu

auf der einen Seite droht sie das Kleinbourgeoisiedurch die Konzentration des Kapitals zu vernichten

di satu pihak, ia mengancam untuk memusnahkan Borjuasi kecil melalui penumpuan modal

auf der anderen Seite droht die Bourgeoisie, sie durch den Aufstieg eines revolutionären Proletariats zu zerstören

sebaliknya, Borjuasi mengancam untuk memusnahkannya melalui kebangkitan proletariat revolusioner

Der "wahre" Sozialismus schien diese beiden Fliegen mit einer Klappe zu schlagen. Es breitete sich wie eine Epidemie aus

Sosialisme "Benar" nampaknya membunuh kedua-dua burung ini dengan satu batu. Ia merebak seperti wabak

Das Gewand spekulativer Spinnweben, bestickt mit Blumen der Rhetorik, durchtränkt vom Tau kränklicher Gefühle
Jubah sarang labah-labah spekulatif, disulam dengan bunga-bunga retorik, tenggelam dalam embun sentimen yang sakit
dieses transzendentale Gewand, in das die deutschen Sozialisten ihre traurigen "ewigen Wahrheiten" hüllten
jubah transendental ini di mana Sosialis Jerman membungkus "kebenaran abadi" mereka yang menyedihkan
alle Haut und Knochen, dienten dazu, den Absatz ihrer Waren bei einem solchen Publikum wunderbar zu vermehren.
semua kulit dan tulang, berfungsi untuk meningkatkan penjualan barangan mereka di kalangan orang ramai seperti itu
Und der deutsche Sozialismus seinerseits erkannte mehr und mehr seine eigene Berufung
Dan di pihaknya, Sosialisme Jerman mengiktiraf, semakin banyak, panggilannya sendiri
sie war berufen, die bombastische Vertreterin des Kleinbourgeoisie Philisters zu sein
ia dipanggil untuk menjadi wakil bombastik Filistin Borjuis Kecil
Sie proklamierte die deutsche Nation als Musternation und den deutschen Kleinphilister als Mustermann
Ia mengisytiharkan negara Jerman sebagai negara model, dan orang Filistin kecil Jerman sebagai lelaki teladan
Jeder schurkischen Gemeinheit dieses Mustermenschen gab sie eine verborgene, höhere, sozialistische Deutung
Kepada setiap kejahatan jahat lelaki model ini, ia memberikan tafsiran Sosialistik yang tersembunyi, lebih tinggi
diese höhere, sozialistische Deutung war das genaue Gegenteil ihres wirklichen Charakters
tafsiran Sosialistik yang lebih tinggi ini adalah bertentangan dengan watak sebenar
Sie ging so weit, sich der "brutal destruktiven" Tendenz des Kommunismus direkt entgegenzustellen

Ia pergi ke tahap yang melampau untuk menentang secara langsung kecenderungan Komunisme yang "merosakkan secara kejam"

und sie proklamierte ihre höchste und unparteiische Verachtung aller Klassenkämpfe

dan ia mengisytiharkan penghinaan tertinggi dan tidak berat sebelah terhadap semua perjuangan kelas

Mit sehr wenigen Ausnahmen gehören alle sogenannten sozialistischen und kommunistischen Publikationen, die jetzt (1847) in Deutschland zirkulieren, in den Bereich dieser üblen und entnervenden Literatur

Dengan sedikit pengecualian, semua penerbitan Sosialis dan Komunis yang kini (1847) beredar di Jerman tergolong dalam domain kesusasteraan yang busuk dan bertenaga ini

2) Konservativer Sozialismus oder bürgerlicher Sozialismus
2) Sosialisme Konservatif, atau Sosialisme Borjuasi
Ein Teil der Bourgeoisie will soziale Missstände beseitigen
Sebahagian daripada Borjuasi berhasrat untuk membetulkan rungutan sosial
um den Fortbestand der Bourgeoisie Gesellschaft zu sichern
untuk menjamin kewujudan berterusan masyarakat Borjuasi
Zu dieser Sektion gehören Ökonomen, Philanthropen, Menschenfreunde
Bahagian ini tergolong ahli ekonomi, dermawan, kemanusiaan
Verbesserer der Lage der Arbeiterklasse und Organisatoren der Wohltätigkeit
penambahbaikan keadaan kelas pekerja dan penganjur amal
Mitglieder von Gesellschaften zur Verhütung von Tierquälerei
Ahli Persatuan untuk Pencegahan Kekejaman terhadap Haiwan
Mäßigkeitsfanatiker, Loch-und-Ecken-Reformer aller erdenklichen Art
fanatik kesederhanaan, pembaharu lubang dan sudut dari setiap jenis yang boleh dibayangkan
Diese Form des Sozialismus ist überdies zu vollständigen Systemen ausgearbeitet worden
Bentuk Sosialisme ini, lebih-lebih lagi, telah diusahakan ke dalam sistem yang lengkap
Als Beispiel für diese Form sei Proudhons "Philosophie de la Misère" angeführt
Kita boleh memetik "Philosophie de la Misère" Proudhon sebagai contoh bentuk ini
Die sozialistische Bourgeoisie will alle Vorteile der modernen gesellschaftlichen Verhältnisse
Borjuasi Sosialistik mahukan semua kelebihan keadaan sosial moden
aber die sozialistische Bourgeoisie will nicht unbedingt die daraus resultierenden Kämpfe und Gefahren

tetapi Borjuasi Sosialistik tidak semestinya mahukan
perjuangan dan bahaya yang terhasil
**Sie wollen den bestehenden Zustand der Gesellschaft,
abzüglich ihrer revolutionären und zerfallenden Elemente**
Mereka menginginkan keadaan masyarakat yang sedia ada,
tolak unsur-unsur revolusioner dan hancurnya
**mit anderen Worten, sie wünschen sich eine Bourgeoisie
ohne Proletariat**
dalam erti kata lain, mereka menginginkan Borjuasi tanpa
proletariat
**Die Bourgeoisie begreift natürlich die Welt, in der sie die
höchste ist, die Beste zu sein**
Borjuasi secara semula jadi membayangkan dunia di mana ia
adalah tertinggi untuk menjadi yang terbaik
**und der Bourgeoisie Sozialismus entwickelt diese bequeme
Auffassung zu verschiedenen mehr oder weniger
vollständigen Systemen**
dan Sosialisme Borjuasi mengembangkan konsep yang selesa
ini ke dalam pelbagai sistem yang lebih kurang lengkap
**sie wünschen sich sehr, dass das Proletariat geradewegs in
das soziale Neue Jerusalem marschiert**
mereka sangat mahu proletariat berarak terus ke Baitulmaqdis
Baru yang sosial
**Aber in Wirklichkeit verlangt sie, dass das Proletariat
innerhalb der Grenzen der bestehenden Gesellschaft bleibt**
tetapi pada hakikatnya ia memerlukan proletariat untuk kekal
dalam batas-batas masyarakat sedia ada
**sie fordern das Proletariat auf, alle seine hasserfüllten Ideen
über die Bourgeoisie abzulegen**
mereka meminta proletariat untuk membuang semua idea
kebencian mereka mengenai Borjuasi
**es gibt eine zweite, praktischere, aber weniger systematische
Form dieses Sozialismus**
terdapat bentuk kedua yang lebih praktikal, tetapi kurang
sistematik, Sosialisme ini

Diese Form des Sozialismus versuchte, jede revolutionäre
Bewegung in den Augen der Arbeiterklasse abzuwerten
Bentuk sosialisme ini berusaha untuk merendahkan setiap
gerakan revolusioner di mata kelas pekerja
Sie argumentieren, dass keine bloße politische Reform für
sie von Vorteil sein könnte
mereka berpendapat tiada pembaharuan politik semata-mata
boleh memberi kelebihan kepada mereka
nur eine Veränderung der materiellen Existenzbedingungen
in den wirtschaftlichen Beziehungen ist von Nutzen
hanya perubahan dalam keadaan material kewujudan dalam
hubungan ekonomi yang bermanfaat
Wie der Kommunismus tritt auch diese Form des
Sozialismus für eine Veränderung der materiellen
Existenzbedingungen ein
Seperti komunisme, bentuk sosialisme ini menyokong
perubahan dalam keadaan material kewujudan
Diese Form des Sozialismus bedeutet jedoch keineswegs,
dass die Bourgeoisie Produktionsverhältnisse abgeschafft
werden
walau bagaimanapun, bentuk sosialisme ini sama sekali tidak
mencadangkan pemansuhan hubungan pengeluaran Borjuasi
die Abschaffung der Bourgeoisie Produktionsverhältnisse
kann nur durch eine Revolution erreicht werden
pemansuhan hubungan pengeluaran Borjuasi hanya boleh
dicapai melalui revolusi
Doch statt einer Revolution schlägt diese Form des
Sozialismus Verwaltungsreformen vor
Tetapi bukannya revolusi, bentuk sosialisme ini
mencadangkan pembaharuan pentadbiran
und diese Verwaltungsreformen würden auf dem
Fortbestand dieser Beziehungen beruhen
dan pembaharuan pentadbiran ini akan berdasarkan
kewujudan berterusan hubungan ini
Reformen, die in keiner Weise die Beziehungen zwischen
Kapital und Arbeit berühren

pembaharuan, oleh itu, yang tidak menjejaskan hubungan
antara modal dan buruh
**im besten Fall verringern solche Reformen die Kosten und
vereinfachen die Verwaltungsarbeit der Bourgeoisie
Regierung**
paling baik, pembaharuan sedemikian mengurangkan kos dan
memudahkan kerja pentadbiran kerajaan Borjuasi
**Der Bourgeoisie Sozialismus kommt dann und nur dann
adäquat zum Ausdruck, wenn er zur bloßen Redewendung
wird**
Sosialisme Borjuis mencapai ekspresi yang mencukupi,
apabila, dan hanya apabila, ia menjadi kiasan semata-mata
Freihandel: zum Wohle der Arbeiterklasse
Perdagangan bebas: untuk kepentingan kelas pekerja
Schutzpflichten: zum Wohle der Arbeiterklasse
Tugas perlindungan: untuk kepentingan kelas pekerja
Gefängnisreform: zum Wohle der Arbeiterklasse
Pembaharuan Penjara: untuk kepentingan kelas pekerja
**Das ist das letzte Wort und das einzig ernst gemeinte Wort
des Bourgeoisie Sozialismus**
Ini adalah perkataan terakhir dan satu-satunya perkataan
Sosialisme Borjuasi yang dimaksudkan secara serius
**Sie ist in dem Satz zusammengefasst: Die Bourgeoisie ist
eine Bourgeoisie zum Wohle der Arbeiterklasse**
Ia disimpulkan dalam frasa: Borjuasi adalah Borjuasi untuk
kepentingan kelas pekerja

3) Kritisch-utopischer Sozialismus und Kommunismus

3) Sosialisme dan Komunisme Kritikal-Utopia

Wir beziehen uns hier nicht auf jene Literatur, die den Forderungen des Proletariats immer eine Stimme gegeben hat

Di sini kita tidak merujuk kepada kesusasteraan yang sentiasa menyuarakan tuntutan proletariat

dies war in jeder großen modernen Revolution vorhanden, wie z. B. in den Schriften von Babeuf und anderen

ini telah hadir dalam setiap revolusi moden yang hebat, seperti tulisan Babeuf dan lain-lain

Die ersten unmittelbaren Versuche des Proletariats, seine eigenen Ziele zu erreichen, scheiterten notwendigerweise

Percubaan langsung pertama proletariat untuk mencapai tujuannya sendiri semestinya gagal

Diese Versuche wurden in Zeiten allgemeiner Aufregung unternommen, als die feudale Gesellschaft gestürzt wurde

Percubaan ini dibuat pada masa keseronokan sejagat, apabila masyarakat feudal digulingkan

Der damals noch unterentwickelte Zustand des Proletariats führte zum Scheitern dieser Versuche

keadaan proletariat yang belum berkembang ketika itu membawa kepada percubaan itu gagal

und sie scheiterten am Fehlen der wirtschaftlichen Voraussetzungen für ihre Emanzipation

dan mereka gagal kerana ketiadaan keadaan ekonomi untuk pembebasannya

Bedingungen, die erst noch geschaffen werden mussten und die durch die bevorstehende Epoche der Bourgeoisie allein hervorgebracht werden konnten

keadaan yang masih belum dihasilkan, dan boleh dihasilkan oleh zaman Borjuasi yang akan datang sahaja

Die revolutionäre Literatur, die diese ersten Bewegungen des Proletariats begleitete, hatte notwendigerweise einen reaktionären Charakter

Kesusasteraan revolusioner yang mengiringi pergerakan pertama proletariat ini semestinya mempunyai watak reaksioner

Diese Literatur schärfte universelle Askese und soziale Nivellierung in ihrer gröbsten Form ein

Kesusasteraan ini menanamkan pertapaan sejagat dan meratakan sosial dalam bentuknya yang paling kasar

Die sozialistischen und kommunistischen Systeme, die man eigentlich so nennt, entstehen in der frühen unentwickelten Periode

Sistem Sosialis dan Komunis, yang dipanggil, wujud pada zaman awal yang belum dibangunkan

Saint-Simon, Fourier, Owen und andere beschrieben den Kampf zwischen Proletariat und Bourgeoisie (siehe Abschnitt 1)

Saint-Simon, Fourier, Owen dan lain-lain, menggambarkan perjuangan antara proletariat dan Borjuasi (lihat Bahagian 1)

Die Begründer dieser Systeme sehen in der Tat die Klassengegensätze

Pengasas sistem ini melihat, sememangnya, antagonisme kelas

Sie sehen auch das Wirken der sich zersetzenden Elemente in der herrschenden Gesellschaftsform

mereka juga melihat tindakan unsur-unsur yang mereput, dalam bentuk masyarakat yang lazim

Aber das Proletariat, das noch in den Kinderschuhen steckt, bietet ihnen das Schauspiel einer Klasse ohne jede historische Initiative

Tetapi proletariat, yang masih di peringkat awal, menawarkan kepada mereka tontonan kelas tanpa sebarang inisiatif sejarah

Sie sehen das Schauspiel einer sozialen Klasse ohne unabhängige politische Bewegung

mereka melihat tontonan kelas sosial tanpa sebarang gerakan politik bebas

Die Entwicklung des Klassengegensatzes hält mit der Entwicklung der Industrie Schritt

Perkembangan antagonisme kelas seiring dengan
perkembangan industri
**Die ökonomische Lage bietet ihnen also noch nicht die
materiellen Bedingungen für die Befreiung des Proletariats**
Oleh itu, keadaan ekonomi belum lagi menawarkan kepada
mereka syarat-syarat material untuk pembebasan proletariat
**Sie suchen also nach einer neuen Sozialwissenschaft, nach
neuen sozialen Gesetzen, die diese Bedingungen schaffen
sollen**
Oleh itu, mereka mencari sains sosial baru, selepas undang-
undang sosial baru, yang akan mewujudkan syarat-syarat ini
**historisches Handeln besteht darin, sich ihrem persönlichen
erfinderischen Handeln zu beugen**
tindakan sejarah adalah untuk tunduk kepada tindakan
inventif peribadi mereka
**Historisch geschaffene Emanzipationsbedingungen sollen
phantastischen Verhältnissen weichen**
Keadaan pembebasan yang dicipta secara sejarah adalah
untuk tunduk kepada keadaan yang hebat
**und die allmähliche, spontane Klassenorganisation des
Proletariats soll der Organisation der Gesellschaft weichen**
dan organisasi kelas proletariat yang beransur-ansur dan
spontan adalah untuk tunduk kepada organisasi masyarakat
**die Organisation der Gesellschaft, die von diesen Erfindern
eigens ersonnen wurde**
organisasi masyarakat yang direka khas oleh pencipta-
pencipta ini
**Die zukünftige Geschichte löst sich in ihren Augen in die
Propaganda und die praktische Durchführung ihrer sozialen
Pläne auf**
Sejarah masa depan menyelesaikan dirinya sendiri, di mata
mereka, ke dalam propaganda dan pelaksanaan praktikal
rancangan sosial mereka
**Bei der Ausarbeitung ihrer Pläne sind sie sich bewußt, daß
sie sich in erster Linie um die Interessen der Arbeiterklasse
kümmern**

Dalam pembentukan rancangan mereka, mereka sedar untuk menjaga kepentingan kelas pekerja

Nur unter dem Gesichtspunkt, die leidendste Klasse zu sein, existiert das Proletariat für sie

Hanya dari sudut pandangan sebagai kelas yang paling menderita, proletariat wujud untuk mereka

Der unentwickelte Zustand des Klassenkampfes und ihre eigene Umgebung prägen ihre Meinungen

Keadaan perjuangan kelas yang belum berkembang dan persekitaran mereka sendiri memaklumkan pendapat mereka

Sozialisten dieser Art halten sich allen Klassengegensätzen weit überlegen

Sosialis seperti ini menganggap diri mereka jauh lebih unggul daripada semua antagonisme kelas

Sie wollen die Lage jedes Mitglieds der Gesellschaft verbessern, auch die der Begünstigten

Mereka mahu memperbaiki keadaan setiap ahli masyarakat, walaupun yang paling digemari

Daher appellieren sie gewöhnlich an die Gesellschaft als Ganzes, ohne Unterschied der Klasse

Oleh itu, mereka biasanya merayu kepada masyarakat secara amnya, tanpa membezakan kelas

Ja, sie appellieren an die Gesellschaft als Ganzes, indem sie die herrschende Klasse bevorzugen

tidak, mereka merayu kepada masyarakat secara amnya dengan keutamaan kepada kelas pemerintah

Für sie ist alles, was es braucht, dass andere ihr System verstehen

Bagi mereka, apa yang diperlukan ialah orang lain memahami sistem mereka

Denn wie können die Menschen nicht erkennen, dass der bestmögliche Plan für den bestmöglichen Zustand der Gesellschaft ist?

Kerana bagaimana orang boleh gagal melihat bahawa rancangan terbaik adalah untuk keadaan masyarakat yang terbaik?

Daher lehnen sie jede politische und vor allem jede
revolutionäre Aktion ab
Oleh itu, mereka menolak semua tindakan politik, dan
terutamanya semua revolusioner
Sie wollen ihre Ziele mit friedlichen Mitteln erreichen
mereka ingin mencapai tujuan mereka dengan cara yang
aman
Sie bemühen sich durch kleine Experimente, die
notwendigerweise zum Scheitern verurteilt sind
mereka berusaha, dengan eksperimen kecil, yang semestinya
ditakdirkan untuk gagal
und durch die Kraft des Beispiels versuchen sie, den Weg
für das neue soziale Evangelium zu ebnen
dan dengan kekuatan teladan mereka cuba membuka jalan
bagi Injil sosial yang baru
Welch phantastische Bilder von der zukünftigen
Gesellschaft, gemalt in einer Zeit, in der sich das Proletariat
noch in einem sehr unterentwickelten Zustand befindet
Gambar-gambar hebat masyarakat masa depan, dilukis pada
masa proletariat masih dalam keadaan yang sangat belum
maju
und sie hat immer noch nur eine phantastische Vorstellung
von ihrer eigenen Stellung
dan ia masih mempunyai konsep fantastik tentang
kedudukannya sendiri
aber ihre ersten instinktiven Sehnsüchte entsprechen den
Sehnsüchten des Proletariats
tetapi kerinduan naluri pertama mereka sepadan dengan
kerinduan proletariat
Beide sehnen sich nach einem allgemeinen Umbau der
Gesellschaft
Kedua-duanya mendambakan pembinaan semula masyarakat
secara umum
Aber diese sozialistischen und kommunistischen
Veröffentlichungen enthalten auch ein kritisches Element

Tetapi penerbitan Sosialis dan Komunis ini juga mengandungi unsur kritikal

Sie greifen jedes Prinzip der bestehenden Gesellschaft an

Mereka menyerang setiap prinsip masyarakat sedia ada

Daher sind sie voll von den wertvollsten Materialien für die Aufklärung der Arbeiterklasse

Oleh itu mereka penuh dengan bahan yang paling berharga untuk pencerahan kelas pekerja

Sie schlagen die Abschaffung der Unterscheidung zwischen Stadt und Land und der Familie vor

mereka mencadangkan pemansuhan perbezaan antara bandar dan desa, dan keluarga

die Abschaffung des Gewerbetreibens für Rechnung von Privatpersonen

pemansuhan menjalankan industri untuk akaun individu persendirian

und die Abschaffung des Lohnsystems und die Proklamation des sozialen Friedens

dan pemansuhan sistem upah dan pengisytiharan keharmonian sosial

die Verwandlung der Funktionen des Staates in eine bloße Aufsicht über die Produktion

penukaran fungsi Negara kepada pengawasan pengeluaran semata-mata

Alle diese Vorschläge deuten einzig und allein auf das Verschwinden der Klassengegensätze hin

Semua cadangan ini, menunjuk semata-mata kepada hilangnya antagonisme kelas

Klassengegensätze waren damals gerade erst im Entstehen begriffen

Antagonisme kelas, pada masa itu, baru sahaja muncul

In diesen Veröffentlichungen werden diese Klassengegensätze nur in ihren frühesten, undeutlichen und unbestimmten Formen anerkannt

Dalam penerbitan ini, antagonisme kelas ini diiktiraf dalam bentuk yang paling awal, tidak jelas dan tidak ditentukan sahaja

Diese Vorschläge haben also rein utopischen Charakter

Oleh itu, cadangan ini adalah watak Utopia semata-mata

Die Bedeutung des kritisch-utopischen Sozialismus und des Kommunismus steht in einem umgekehrten Verhältnis zur historischen Entwicklung

Kepentingan Sosialisme Kritikal-Utopia dan Komunisme mempunyai hubungan songsang dengan perkembangan sejarah

Der moderne Klassenkampf wird sich entwickeln und weiter konkrete Gestalt annehmen

Perjuangan kelas moden akan berkembang dan terus mengambil bentuk yang pasti

Dieses fantastische Ansehen des Wettbewerbs wird jeden praktischen Wert verlieren

Kedudukan hebat daripada pertandingan ini akan kehilangan semua nilai praktikal

Diese phantastischen Angriffe auf die Klassengegensätze verlieren jede theoretische Rechtfertigung

Serangan hebat terhadap antagonisme kelas ini akan kehilangan semua justifikasi teori

Die Urheber dieser Systeme waren in vielerlei Hinsicht revolutionär

Pencetus sistem ini, dalam banyak aspek, revolusioner

Aber ihre Jünger haben in jedem Fall bloße reaktionäre Sekten gebildet

tetapi murid-murid mereka, dalam setiap kes, membentuk mazhab reaksioner semata-mata

Sie halten an den ursprünglichen Ansichten ihrer Meister fest

Mereka berpegang teguh pada pandangan asal tuan mereka

Aber diese Anschauungen stehen im Gegensatz zur fortschreitenden geschichtlichen Entwicklung des Proletariats

Tetapi pandangan ini bertentangan dengan perkembangan
sejarah progresif proletariat
**Sie bemühen sich daher, und zwar konsequent, den
Klassenkampf abzustumpfen**
Oleh itu, mereka berusaha, dan secara konsisten, untuk
mematikan perjuangan kelas
**Und sie bemühen sich konsequent, die Klassengegensätze
zu versöhnen**
dan mereka secara konsisten berusaha untuk mendamaikan
antagonisme kelas
**Noch träumen sie von der experimentellen Umsetzung ihrer
gesellschaftlichen Utopien**
Mereka masih mengimpikan realisasi eksperimen Utopia
sosial mereka
**sie träumen immer noch davon, isolierte "Phalanster" zu
gründen und "Heimatkolonien" zu gründen**
mereka masih bermimpi untuk mengasaskan "phalansteres"
terpencil dan menubuhkan "Tanah Jajahan Rumah"
**sie träumen davon, eine "Kleine Ikaria" zu errichten –
Duodecimo-Ausgaben des Neuen Jerusalem**
mereka bermimpi untuk menubuhkan "Little Icaria" —edisi
duodecimo Baitulmaqdis Baru
**Und sie träumen davon, all diese Luftschlösser zu
verwirklichen**
dan mereka bermimpi untuk merealisasikan semua istana ini
di udara
**Sie sind gezwungen, an die Gefühle und den Geldbeutel der
Bourgeoisie zu appellieren**
mereka terpaksa merayu kepada perasaan dan dompet borjuis
**Nach und nach sinken sie in die Kategorie der oben
dargestellten reaktionären konservativen Sozialisten**
Secara bertahap mereka tenggelam ke dalam kategori Sosialis
konservatif reaksioner yang digambarkan di atas
**sie unterscheiden sich von diesen nur durch systematischere
Pedanterie**

Mereka berbeza daripada ini hanya dengan pedantri yang lebih sistematik

und sie unterscheiden sich durch ihren fanatischen und abergläubischen Glauben an die Wunderwirkungen ihrer Sozialwissenschaft

dan mereka berbeza dengan kepercayaan fanatik dan khurafat mereka terhadap kesan ajaib sains sosial mereka

Sie widersetzen sich daher gewaltsam jeder politischen Aktion der Arbeiterklasse

Oleh itu, mereka menentang keras semua tindakan politik di pihak kelas pekerja

ein solches Handeln kann ihrer Meinung nach nur aus blindem Unglauben an das neue Evangelium resultieren

tindakan sedemikian, menurut mereka, hanya boleh terhasil daripada ketidakpercayaan buta kepada Injil baru

Die Owenisten in England und die Fourieristen in Frankreich stehen den Chartisten und den "Réformisten" entgegen

Orang Owenit di England, dan Fourierist di Perancis, masing-masing, menentang Chartists dan "Réformistes"

**Stellung der Kommunisten zu den verschiedenen
bestehenden Oppositionsparteien**
Kedudukan Komunis berhubung dengan pelbagai parti
pembangkang sedia ada
**Abschnitt II hat die Beziehungen der Kommunisten zu den
bestehenden Arbeiterparteien deutlich gemacht**
Bahagian II telah menjelaskan hubungan Komunis dengan
parti-parti kelas pekerja sedia ada
**wie die Chartisten in England und die Agrarreformer in
Amerika**
seperti Chartists di England, dan Reformis Agraria di Amerika
**Die Kommunisten kämpfen für die Erreichung der
unmittelbaren Ziele**
Komunis berjuang untuk mencapai matlamat segera
**Sie kämpfen für die Durchsetzung der momentanen
Interessen der Arbeiterklasse**
mereka berjuang untuk penguatkuasaan kepentingan seketika
kelas pekerja
**Aber in der politischen Bewegung der Gegenwart
repräsentieren und kümmern sie sich auch um die Zukunft
dieser Bewegung**
Tetapi dalam pergerakan politik masa kini, mereka juga
mewakili dan menjaga masa depan pergerakan itu
**In Frankreich verbünden sich die Kommunisten mit den
Sozialdemokraten**
Di Perancis Komunis bersekutu dengan Sosial-Demokrat
**und sie positionieren sich gegen die konservative und
radikale Bourgeoisie**
dan mereka meletakkan diri mereka menentang Borjuasi
konservatif dan radikal
**sie behalten sich jedoch das Recht vor, eine kritische
Position gegenüber Phrasen und Illusionen einzunehmen,
die traditionell aus der großen Revolution überliefert sind**
walau bagaimanapun, mereka berhak untuk mengambil
kedudukan kritikal berkenaan dengan frasa dan ilusi yang
secara tradisinya diturunkan daripada Revolusi besar

In der Schweiz unterstützt man die Radikalen, ohne dabei
aus den Augen zu verlieren, dass diese Partei aus
antagonistischen Elementen besteht
Di Switzerland mereka menyokong Radikal, tanpa melupakan
hakikat bahawa parti ini terdiri daripada unsur-unsur
antagonis

**teils von demokratischen Sozialisten im französischen
Sinne, teils von radikaler Bourgeoisie**
sebahagiannya daripada Sosialis Demokratik, dalam erti kata
Perancis, sebahagiannya daripada Borjuasi radikal

**In Polen unterstützen sie die Partei, die auf einer
Agrarrevolution als Hauptbedingung für die nationale
Emanzipation beharrt**
Di Poland mereka menyokong parti yang menegaskan
revolusi agraria sebagai syarat utama untuk pembebasan
negara

**jene Partei, die 1846 den Krakauer Aufstand angezettelt
hatte**
parti yang mencetuskan pemberontakan Cracow pada tahun
1846

**In Deutschland kämpft man mit der Bourgeoisie, wenn sie
revolutionär handelt**
Di Jerman mereka berjuang dengan Borjuasi apabila ia
bertindak dengan cara yang revolusioner

**gegen die absolute Monarchie, das feudale Eichhörnchen
und das Kleinbourgeoisie**
menentang monarki mutlak, squirearchy feudal, dan Borjuasi
kecil

**Aber sie hören nicht auf, der Arbeiterklasse auch nur einen
Augenblick lang eine bestimmte Idee einzuflößen**
Tetapi mereka tidak pernah berhenti, untuk sekejap, untuk
menanamkan ke dalam kelas pekerja satu idea tertentu

**die klarste Erkenntnis des feindlichen Antagonismus
zwischen Bourgeoisie und Proletariat**
pengiktirafan yang paling jelas tentang antagonisme
bermusuhan antara Borjuasi dan proletariat

damit die deutschen Arbeiter sofort von den ihnen zur Verfügung stehenden Waffen Gebrauch machen können

supaya pekerja Jerman boleh terus menggunakan senjata yang mereka boleh gunakan

die sozialen und politischen Bedingungen, die die Bourgeoisie mit ihrer Herrschaft notwendigerweise einführen muss

keadaan sosial dan politik yang semestinya diperkenalkan oleh Borjuasi bersama-sama dengan ketuanannya

der Sturz der reaktionären Klassen in Deutschland ist unvermeidlich

kejatuhan kelas reaksioner di Jerman tidak dapat dielakkan

und dann kann der Kampf gegen die Bourgeoisie selbst sofort beginnen

dan kemudian perjuangan menentang Borjuasi itu sendiri boleh segera bermula

Die Kommunisten richten ihre Aufmerksamkeit hauptsächlich auf Deutschland, weil dieses Land am Vorabend einer Bourgeoisie Revolution steht

Komunis mengalihkan perhatian mereka terutamanya kepada Jerman, kerana negara itu berada di malam revolusi Borjuasi

eine Revolution, die unter den fortgeschritteneren Bedingungen der europäischen Zivilisation durchgeführt werden muss

revolusi yang pasti akan dijalankan di bawah keadaan tamadun Eropah yang lebih maju

Und sie wird mit einem viel weiter entwickelten Proletariat durchgeführt werden

dan ia pasti akan dilaksanakan dengan proletariat yang jauh lebih maju

ein Proletariat, das weiter fortgeschritten war als das Englands im 17. und Frankreichs im 18. Jahrhundert

proletariat yang lebih maju daripada England pada abad ketujuh belas, dan Perancis pada abad kelapan belas

und weil die Bourgeoisie Revolution in Deutschland nur das Vorspiel zu einer unmittelbar folgenden proletarischen Revolution sein wird

dan kerana revolusi Borjuasi di Jerman akan menjadi permulaan kepada revolusi proletar sejurus selepas itu

Kurz gesagt, die Kommunisten unterstützen überall jede revolutionäre Bewegung gegen die bestehende soziale und politische Ordnung der Dinge

Pendek kata, Komunis di mana-mana menyokong setiap gerakan revolusioner menentang susunan sosial dan politik yang sedia ada

In all diesen Bewegungen rücken sie als Leitfrage die Eigentumsfrage in den Vordergrund

Dalam semua pergerakan ini mereka membawa ke hadapan, sebagai persoalan utama dalam setiap persoalan, persoalan harta

unabhängig davon, wie hoch der Entwicklungsstand in diesem Land zu diesem Zeitpunkt ist

Tidak kira apa tahap pembangunannya di negara itu pada masa itu

Schließlich setzen sie sich überall für die Vereinigung und Zustimmung der demokratischen Parteien aller Länder ein

Akhirnya, mereka bekerja di mana-mana untuk kesatuan dan persetujuan parti demokrasi semua negara

Die Kommunisten verschmähen es, ihre Ansichten und Ziele zu verheimlichen

Komunis menghina untuk menyembunyikan pandangan dan matlamat mereka

Sie erklären offen, dass ihre Ziele nur durch den gewaltsamen Umsturz aller bestehenden gesellschaftlichen Verhältnisse erreicht werden können

Mereka secara terbuka mengisytiharkan bahawa tujuan mereka boleh dicapai hanya dengan penggulingan paksa semua keadaan sosial yang ada

Mögen die herrschenden Klassen vor einer kommunistischen Revolution zittern

Biarkan kelas pemerintah gemetar pada revolusi Komunis
Die Proletarier haben nichts zu verlieren als ihre Ketten
Proletar tidak mempunyai apa-apa untuk hilang selain rantai mereka
Sie haben eine Welt zu gewinnen
Mereka mempunyai dunia untuk menang
ARBEITER ALLER LÄNDER, VEREINIGT EUCH!
LELAKI PEKERJA DARI SEMUA NEGARA, BERSATU!

www.ingramcontent.com/pod-product-compliance
Lightning Source LLC
Chambersburg PA
CBHW011735020426
42333CB00024B/2898